U0840084

珍藏本
纪念版

汉译世界学术名著丛书

休谟经济论文选

陈玮 译

商务印书馆
SINCE 1897 The Commercial Press
2017年·北京

David Hume
**ESSAYS MORAL, POLITICAL,
AND LITERARY**
Longmans, Green, & Co. New York 1912
本书选译自《休谟道德、政治和文学论文集》
纽约 1912 年版

汉译世界学术名著丛书
（120 年纪念版・珍藏本）
出 版 说 明

2017 年 2 月 11 日，商务印书馆迎来 120 岁的生日。120 年前，商务印书馆前贤怀揣文化救国的理想，抱持“昌明教育，开启民智”的使命，立足本土，放眼寰宇，以出版为津梁，沟通中西，为中国、为世界提供最富智慧的思想文化成果。无论世事白云苍狗，潮流左右激荡，甚至战火硝烟弥漫，始终践行学术报国之志，无改初心。

逐译世界各国学术名著，即其一端。早在 20 世纪初年便出版《原富》《天演论》等影响至今的代表性著作，1950 年代后更致力于外国哲学和社会科学经典的译介，及至 1980 年代，辑为“汉译世界学术名著丛书”，汇涓为流，蔚为大观。丛书自 1981 年开始出版，历时三十余年，迄今已推出七百种，是我国现代出版史上规模最大、最为重要的学术翻译工程。

丛书所选之书，立场观点不囿于一派，学科领域不限于一门，皆为文明开启以来，各时代、各国家、各民族的思想与文化精粹，代表着人类已经到达过的精神境界。丛书系统译介世界学术经典，引领时代思想，为本土原创学术的发展提供丰富的文化滋养，为推动中国现代学术和现代化进程做出了突出的贡献。

为纪念商务印书馆成立120周年，我们整体推出“汉译世界学术名著丛书”120年纪念版的珍藏本，寄望既利于文化积累，又便于研读查考，同时向长期支持丛书出版的译者、编者和读者致以敬意。

两甲子后的今天，商务印书馆又站在了一个新的历史时间节点上。我们不仅要铭记先辈的身影和足迹，更须让我们的步伐充满新的时代精神。这是商务人代代相传的事业，更是与国家和民族的命运始终紧密相连的事业。我们责无旁贷，必须做好我们这代人的传承与创造，让我们的努力和成果不仅凝聚成民族文化的记忆，还能成为后来人可以接续的事业。唯此，才能不负前贤，无愧来者。

商务印书馆编辑部

2017年10月

简评休谟的经济理论

胡 企 林

大卫·休谟(1711—1776)是英国哲学家、历史学家和经济学家,英国古典政治经济学产生时期的代表人物之一。马克思说:"在1691年到1752年这段时期,……这个出现了很多杰出思想家的时期,对研究政治经济学的逐渐产生来说是最重要的时期。"①1752年就是休谟出版《政治论丛》的年份。这部著作收录的一系列经济论文,如《论商业》、《论货币》、《论利息》、《论贸易平衡》、《论贸易的猜忌》等等在一定程度上考察了资本主义生产关系的内部联系,论证了"资本的理论,即现代社会结构的理论"②。

休谟的经济理论的哲学基础是人性论。休谟宣称,他的人性论是"一切科学唯一稳固的基础"(《人性论》引言),一切科学都在某种程度上依靠"人的科学",各门具体科学只是研究"人性"的某一方面。经济理论自然也不例外。休谟认为,"自私"和"贪欲"是人的本性。人们的欲望是劳动的唯一动机。一个人的劳动满足不了自己的多种欲望,这就引起了交换。人类的欲望超过了自然界的"稀少的供应",这就导致了私人占有制度的产生。休谟把人类

---

① 《马克思恩格斯选集》第3卷,第277页。

② 《马克思恩格斯全集》第34卷,第343页。

社会经济活动和私人占有制度都归结为人类自然本性的结果，认为追求私利只要不威胁“公益”就不必加以限制。只是为了不使“自私”和“贪欲”同“公益”发生冲突，才有必要把私人利益的追求限制在对私人占有不构成威胁的范围之内。休谟的这种观点，无疑地反映了十八世纪发展成为资产阶级的中等市民的经济要求。

休谟撰写上述经济论文，是出于他所处的时代的需要，主要是反对重商主义的需要。按照美国学者雅各布·瓦伊纳在《亚当·斯密传》一书指南中的表述，大约在 1748 年至 1758 年间，当时的英、德等国学者以通信的方式开展了一场讨论，第一次提出是否有这样的“自然的”过程，在这种过程中，国际经济会自然而然地保持平衡，如果平衡被打乱，不需要政府的广泛或有步骤的干预即可自行恢复；如果有这样的“自然的”过程，它又是如何起作用的。休谟参加了这场讨论，这些经济论文就是他参与讨论的副产品。这场讨论实际上就是反对重商主义的论战。当时英国正处于工场手工业的鼎盛时期，产业革命即将发生，英国工业资本的发展已经超过了商业资本，资本主义经济的进一步发展和对外扩张的需要迫切要求克服重商主义体系的束缚，大力开展自由贸易。休谟的经济理论和政策主张适应了这种需要。

贯串于休谟的这些经济论文中的，是他的货币数量论。这种理论虽然是不科学的，但当时在实践上却具有反对重商主义的进步意义。

货币数量论并非创始于休谟。早在 1569 年，法国学者让·博丹就在《对马莱斯特罗伊的谬论的答复》一书中明确地把商品价格同货币数量联系了起来，用货币流通数量的变化来解释十六世纪西欧的价格波动。在博丹之后、休谟之前的近两个世纪里，西欧各国的一些经济学家如巴尔本、洛克等人对这个理论作了进一步的发展。但是，正如马克思所指出的，“休谟是十八世纪这一理论的最重要的代表人物”[①]。尽管他的某些观点沿袭了他的同时代人范德林特在《货币万能》一书中的表述[②]，他的货币数量论仍然具有一定的特色。在本书中，他从各个方面对这个理论作了系统的论述，并由此出发提出了许多重要的理论观点。

休谟认为：“一切东西的价格取决于商品与货币之间的比例，任何一方的重大变化都能引起同样的结果——价格的起伏。看来这是不言自明的原理。商品增加，价钱就便宜；货币增加，商品就涨价。反之，商品减少或货币减少也都具有相反的倾向。”（本书第38页）但是，商品价格上升或下降的原因不在于商品或货币绝对数量的变动，而在于进入市场的商品或货币数量的变动。在休谟看来，窖藏中的货币数量和不打算投入市场的产品对于商品价格的变动并没有什么影响。他说，“如果铸币锁在箱子里，对于价格来说它就好像消灭了一样；如果商品堆在仓库和谷仓里，结果也会相同。”（本书第38—39页）在这种情况下，货币和商品从不“相遇”，从而也“互不影响”。据此，他又说，“流通中的货币与市场上的商品之间的比例决定着物价的贵贱。”（本书第40页）实际上，在考察商品和货币之间的数量关系时，他的主要着眼点是货币数量的变动对商品价格的影响，或者说，货币数量对于商品价格的决定

① 《马克思恩格斯全集》第13卷，第150页。

② 参阅《马克思恩格斯全集》第20卷，第260页。

作用。他反复强调,“商品的价格总是与货币的数量成比例的”(本书第 31 页);“超出同劳动和商品的正常比例来增加货币,只能使商人和制造业主要出更高的价格去购买这些东西。”(本书第 33 页)在《政治经济学批判》中,马克思将休谟的流通理论归结为以下三条原理:一,一国中商品的价格决定于国内存在的货币量;二,一国中流通着的货币代表国内现有的所有商品。按照代表即货币的数量增加的比例,每个代表所代表的被代表物就有多有少;三,如果商品增加,商品的价格就降低,或货币的价值就提高。如果货币增加,那么,相反地,商品的价格就提高,货币的价值就降低。

同早期的一些货币数量论者一样,休谟的货币数量论也建立在一种错误的假设上,即在进入流通过程以前商品没有价值,货币也没有价值,商品和货币二者只是在流通过程中形成一定的数量关系,即流通中的一堆商品和流通中的一堆货币相交换。休谟认为,货币不过是单纯的价值符号。他说,“十分明显,货币只是一种代表劳动和商品的象征,一种评价和估计劳动和商品的方法”,“一种交换的通用手段”。在他看来,一定量的商品同一定量的货币只是在流通过程中相比较,它们才取得各自的价格或价值;他将货币的这种价值称为“主要是虚构的价值”。在休谟所处的时代,金属流通依然是流通的支配形式,因此他将金属货币理解为铸币,而将金属铸币理解为单纯的价值符号,并按照价值符号的流通规律认定商品价格决定于流通中的货币量,是很自然的。然而这种看法是不正确的。休谟不了解,货币不仅仅是劳动和商品的代表,它同商品一样,本身也具有一定的内在价值,在金银作为金属货币执行流通手段的职能时,它们只有代表具有一定价值量的金属,才能成为价值符号，货币(商品也是一样)如果不先具有内在价值，就根本不能进入流通领域，在流通过程中它同商品相比较时表现的“价值”，只是它的相对价值。商品价格在一般情况下反映着商品价值和货币价值的关系，如果商品的价值和货币的价值都不变，则货币数量的增加绝不会引起商品价格的提高，而只会使超出流通所必需的数量的那部分货币退出流通领域。休谟看不到这些，表明他丝毫不懂得价值，因而完全不了解贵金属作为价值尺度的职能。

货币数量论的错误还在于，它颠倒了货币流通与商品流通的关系，从而也曲解了货币流通量与商品价格的关系。休谟不了解，货币所以具有流通手段的职能，是因为货币是一种特殊的商品，它表现着其他商品的价值。因此，货币作为流通手段，实际上只是商品本身的形式的运动。商品流通是货币流通的基础，货币流通实质上是商品流通的反映或表现。货币的不断运动服从于商品交换的需要，是为了实现各种商品的价格。这就在流通过程中形成了如下的规律：商品流通中所需要的货币量，首先取决于待实现的商品价格总额，即流通中的商品量与商品价格水平的乘积，同时也取决于货币的流通速度。在使用金属货币的情况下，可以说，商品价格决定货币流通量。然而，正如马克思所指出的：“商品在流通中的运动不过是瞬息间的要素，而在流通中不息奔走却成为货币的职能。”[①]商品流通的这种性质造成了一种假象，即虽然货币运动只是商品流通的表现，但是看起来商品流通反而只是货币运动的结果。休谟同其他的货币数量论者一样为这种假象所迷惑，不能

① 《政治经济学批判》，《马克思恩格斯全集》第13卷，第91页。

正确理解货币流通与商品流通的关系，自然也就不可能摆正货币流通量与商品价格的关系。

从历史背景看，休谟提出他的货币数量论，是由于对美洲矿山发现以来随着金属货币量的增加而发生的商品价格的提高作了表面的、片面的考察。十六、十七世纪，由于美洲金银矿的发现以及开采金银矿的劳动生产率的提高，金银产量剧增，价值降低。十八世纪四十年代至六十年代，黄金平均产量比十八世纪头三十年增加一倍，比十七世纪增加两倍。价值大为降低的金银涌进欧洲，使得物价普遍高涨。这种情况使人们产生了错觉，似乎物价高涨是由于充当流通手段的金银愈益增多。休谟同样陷入了这种错觉。在研究商品价格和流通中的货币数量之间的关系时，他忽视了金银价值降低的事实，也没有注意掌握可靠的商品价格史资料，以及关于通货的膨胀和紧缩、贵金属的进口和出口等方面的统计材料。这样，他就只能根据特定历史时期的表面现象作出错误的论断。作为哲学家，休谟反对将片面观察到的事实说成是一般原理，而作为货币理论家，他显然忘记了自己的这个观点。

休谟的货币数量论不同于范德林特的一点是，他从欧洲各国特别是法国的情况中看到，商品价格上涨虽然是金银增加的必然后果，但它不是紧跟着金银的增加而发生的，而是要在一段时间之后，即等到货币流通到全国各地、各行各业的人都感受到这种影响时才会出现。他认为，在这一期间，由于金银的增加，欧洲各国的工业都有发展。他说："自从美洲发现了金银矿，不光矿主，连欧洲各国的生产情绪都普遍高涨；这种劲头的形成，除了别的原因，把它归之于金银的增加，是不过分的。"（本书第 34 页）；"追溯货币在全体国民中流通的过程是很容易的,我们将看到:货币在提高劳动价格之前,必然首先刺激每个人的勤勉心。"(本书第36页)这就是说,贵金属的贬值要经历一个商品价格逐渐平衡的漫长过程,直到最后才影响劳动价格,即提高工资,在这种影响发生以前,必然首先刺激人们的"生产情绪",也就是激励工业家和商人发展工商业的"勤勉心",使他们在贵金属贬值过程中靠牺牲工人得到更多的利润。马克思肯定了休谟的这个"发现"的正确性,同时也指出,休谟将贵金属的任何增加都同它的贬值混为一谈(这是由于他不了解贵金属作为价值尺度的职能),因而不能深入地考虑这样的问题,即在货币材料的价值既定的情况下,贵金属货币数量的增加是否影响和怎样影响商品的价格。

休谟的货币数量论所具有的反对重商主义的进步意义,从他对于晚期重商主义的中心学说贸易差额论的批判中可以明显地看出。贸易差额论者基于金银是一国真正的财富的观点,主张一国在对外贸易中采取各种政策措施使出口超过进口,获得顺差,以使更多的金银流入本国。在《论货币》、《论贸易平衡》等文中,休谟从自己的流通理论出发,研究了一国贸易平衡、货币数量和一般价格水平之间的关系,考察了货币和商品之间的数量关系发生变化的社会影响,批判了贸易差额论者的观点。他认为:

第一,"货币……只是人们约定用以便利商品交换的一种工具。它不是贸易机器上的齿轮,而是一种使齿轮的转动更加平滑自如的润滑油"(本书第31页);而"劳动产品的储备……乃是一切实力和财富的根本"(本书第37页);"臣民,只要拥有大量的商品,就是富裕幸福的;……与贵金属之多寡无关"(本书第38页)。从这里可以看到，他对于货币职能和财富内容的认识，远比贸易差额论者深刻。

第二，商品的价格总是与货币的数量成比例，因此，“如果我们单就一个国家来看，那么，用来计算或用来代表商品的铸币不论多少，都不会产生任何好的或坏的影响”（本书第34页）；但是，“货币一多，百物腾贵，这是亦步亦趋、形影不离地伴随着老牌商业的一种不利情况；而较穷的国家却可以在一切国外市场上，以低于较富国家的价格进行销售，从而限制了老牌商业在各国的活动范围。”（本书第33页）就是说，在一定条件下，一国物价上涨对国内和对外贸易的影响不同，货币过多不利于同外国的竞争，因而贸易差额论者单纯追逐货币是错误的。

第三，担心贸易会使金银大量外流，“在任何情况下都是毫无根据的杞忧。担心钱币会离开一个有人力有工业的国家，就像担心所有的泉源和江河会干涸一样。”（本书第57页）在所有的毗邻国家里，货币同商品、劳动、工业与技艺始终大体相称。货币的积聚只要超过其应有的水平就不可能不流动，一如任何一处水位升高，升高处的引力就会失去平衡，必须降低，直到取得平衡为止。货币量多了，物价就上涨，廉价商品就将由国外涌进，使货币流出。如果货币流出过多，商品价格因而低落，则将增强工业制品在国外市场上的竞争能力，从而使货币回流，直到货币同商品、劳动、工业与技艺之间的比例恢复均衡为止。休谟这样表述他的这一观点：“假设英国全部货币的五分之四在一夜之间消失了，就货币量的情况来看，就同倒退到哈里王朝和爱德华王朝时期一样，那么结果又会怎么样呢？一切劳动和商品的价格不见得不会相应下降吧？各种物品的售价未必不会像在那两个王朝时期一样便宜吧？那时候还有哪个国家能在国外市场上同我们争夺呢？或者胆敢以同样的价格（这种价格会给我们提供足够的利润）来从事海运和销售工业品呢？在这种情况下，弥补我们已失去的那些货币量并赶上所有毗邻国家的水平，准是用不了多久吧？一旦我们达到了这些目标，我们马上就丧失廉价劳动和商品的有利条件，我们的殷实富足使货币的进一步流入停顿下来。”（本书第58页）因此，一国经济既不会长期保持贸易逆差，也不可能长期保持贸易顺差，由于货币数量和商品价格在国际贸易中的相互作用，贸易将自动地趋于平衡。贸易差额论者力求永远保持贸易顺差，是徒劳的。

作为古典经济学产生时期的代表人物之一，休谟自然也不免受到他所反对的重商主义的影响。例如，他在《论货币》一文中说：“一个货币在减少的国家确实要比当时货币虽不多却在上升的国家贫弱。”（本书第37页）休谟的这一说法，带有明显的重商主义印记。但是，我们不能过高估计重商主义对休谟的影响，更不能同意现代西方经济学家关于休谟“还不失为一个重商主义者”的论断。

在批判贸易差额论的过程中，休谟展开了他的国际贸易理论，申述了自己的自由贸易主张。其基本内容为：

1. 各国的才能、气候和土壤等自然条件不同，从而各国大都拥有根据本身的优势生产的主要产品，但任何国家的技艺和工业都不可能改进得那样精良，以致对他国无所需求。欲望的多样化使得人们总是向往获得一切尽善尽美的商品。这就为各国之间的交流通商提供了稳固的基础。

2. 各国从进行商品交换发展到相互交换技术成果，将直接促进各国产业的发展。这是一种必然的趋势。

3. 开展国际贸易,将发展各国之间的自由竞争,从而促使各国改进经营和技术,在本国生产出尽可能完美的商品。休谟说:“各国之间你追我赶的竞争……会使各自的工业蓬勃发展。”(本书第 76 页)

4. “国内工业的发展为对外贸易奠定了基础。当国内市场堆积着大批精致的商品时,总会有一部分商品可以出口牟利。”(本书第 75 页)因此,重要的不是在任何情况下都保持对外贸易出超,防止逆差,而是要保持人力,发展工业和技艺。

综上所述,休谟认为,通过国际贸易和自由竞争,各国之间的经济利益可以协调地发展。他说:“一般地说,任何一个国家的商业发展和财富增长,非但无损于、而且有助于所有邻国的商业发展和财富增长。”(本书第 74 页)

基于上述看法,休谟主张发展自由贸易,反对禁止货币输出和谷物出口,反对在贸易方面设置无数的障碍和关税,并认为人们出于“任何国家不牺牲毗邻各国就不能繁荣”的猜忌心理而强行限制对外贸易是错误的。然而,他提出:“不能把对外国商品征收的各种关税一律看作偏见或无用之举。”(本书第 71 页)他认为,凡属有利于扶植、发展国内产业的关税或保护措施,都是正当的、必要的。这表明,他的自由贸易理论不像范德林特那样勇敢和彻底。

休谟的货币数量论和以这一理论为依据提出的国际贸易理论,就其实质而言是为当时的英国统治世界服务的。十八世纪中叶,英国的资本主义不仅在工业上已经超过了西欧各国,而且在农业上也有了长足的进展。各部门技艺的改进,分工的发展,成本的降低等等，大大提高了英国在国际贸易中的竞争能力，也进一步产生了扩展国外市场的需要。休谟的这些经济理论为反对重商主义体系提供了重要的思想工具，更为英国资本主义对外扩张的要求作了理论上的论证，因而受到了英国资产阶级的赞赏。但是，从客观上说，休谟的一些理论观点有利于发展资本主义各国之间的贸易往来，进一步扩大国际分工，促进资本主义生产关系的国际化，在国际范围内发展社会生产力。

当然，也应当看到，休谟着力渲染的只是国际贸易有利于贸易参加国的经济发展这一方面，至于资本主义发展程度高的国家在自由贸易中对经济发展水平较低的国家带来损害这一方面，休谟则矢口否认。

除上述问题以外，本书在《论利息》一章及其他地方着力论述了利息问题。在这个问题上，他的表述越出了自己的货币数量论所限定的范围，同一些货币数量论者的见解相比也颇有进展。

继马西之后，休谟对洛克关于利息的观点提出了异议。洛克认为，正像地租率的高低是受土地量限制的一样，利息率的高低是受货币量限制的。这种看法混同了货币和借贷资本，将货币的供求状况当成了利息率高低的决定因素。休谟针锋相对地指出："利息率并不取决于贵金属数量的多寡"，"想从一国所有的金银量的多寡中寻找利息率涨落的原因，实在是徒劳的。"（本书第45页）他着重论证了货币的价值对利息率的高低不发生影响。他说："既然……金属货币基本上被当作代表物，那么不论其形状大小、数量多寡以及重量颜色如何，都不会使货币的真实价值或利息产生任何改变。同样的利息在任何情况下都保持着与本金相应的同样比例。假如你以百分之五的利率借给我那么些劳动和商品，你就会收回相应的劳动和商品，不论是以金币还是以银币来代表，也不论是以磅或盎司来计算。”（本书第45页）换句话说，在利息和货币资本之间的比率已知的情况下，用货币表示的利息的价值和用货币表示的资本的价值会随货币价值的升降而升降，所以货币的价值不会影响利息率水平。在本书中，休谟还用一些实例有力地反驳了洛克的利息由流通中的货币量调节的观点。

休谟认识到，利息率的高低取决于借贷资本的供给和需求，尽管借贷资本是由货币代表的。他说：“商业的扩展产生富商，使货币所有者增加。商人有了大笔的资本，不管这些资本是由少量的铸币还是由大量的铸币代表，都必然要常常发生这种情况：当他们倦于经商，或者他们的后代不喜欢或没有才干经商的时候，有很大一部分资本就自然地寻求一个常年的可靠的收入。供应多了就使价格降低，使放债人接受低利息。”（本书第50页）如果没有商业将钱币聚集成大宗的资金，而地主的挥霍浪费又产生着持久的借贷需求，则在这样的国家，借贷者与放债人之间的比例必然严重失调，利息率也就会相应提高。这些话的意思很清楚：借贷资本供应过多将使利息率下降，供不应求则将使利息率上升。我们知道，在资本主义制度下，利息率是利息量同贷出的货币资本之间的比率，在利润率不变的情况下，它的高低以借贷资本的供求关系为转移。显然，休谟以粗俗的形式说出了这一点。

休谟没有将借贷资本的供求状况当作决定利息率高低的唯一因素。他将利息同利润联系起来研究，认为二者密切相关。他说，在可以得到高利息的地方，没有人会以低利润为满足，而在可以得到高利润的地方，也没有人会以低利息为满足。具体地说，高利息的原因除了借贷需求大和满足这种需求的财富少这两点以外，还在于经商的利润高，低利息的原因则除了借贷需求小和满足这种需求的财富多这两点以外，还在于经商的利润低。这就是说，利润率的高低影响着利息率的涨落。这表明，休谟同马西一样看出了利息取决于利润。他也将利润看作利息的基础，将利息看作利润的派生形式。

在配第、诺思、洛克等人那里，由于他们所处的时代资本主义发展程度较低，他们往往将地租看作剩余价值的正常形式，将利息当作派生形式从地租引出，并将利息同地租并列以论证利息的合理性。马克思曾指出，这是资本起来反抗土地所有权的最初形式。土地所有者注意到，利息下降，土地的价格就上升；在地租量已定时，土地价格的升降就同利息率的高低成反比。因此，他们要求国家对利息作强制性的调整，即用法律来压低利息。配第、诺思、洛克等人维护高利贷者而反对土地所有者，他们提倡利息自由，实际上是主张高利息，这在当时是有利于资本主义发展的，因为高利贷，即土地所有者的一部分收入转入高利贷者手中，是资本积累的主要手段之一。随着工场手工业的蓬勃发展，借贷资本或生息资本日益从属于产业资本，利息不是从地租派生出来，而是从利润派生出来的事实逐步明显地表现出来。然而，在休谟生活的年代流行的观念依然是：借贷资本或生息资本不是从产业资本这一资本主义关系的基本形式派生的，利息也不是利润的一部分，它们都是作为独立形式存在的。而产业资本的利益则要求借贷资本或生息资本完全从属于自己，将它转化为自己派生的或特殊的职能，并将

利息限定为利润的一部分。在这种情况下,说明利息是利润的一部分,在理论上和实践上都具有相当重要的意义。马克思明确肯定了这一点,他指出:"直到十八世纪中叶,利息只是总利润的一部分这个事实,才(被马西,在他之后又被休谟)发现,而且竟然需要有这样一种发现。"①为了维护产业资本的利益,休谟还主张低利息,他说:"低利息是说明一个国家繁荣状况的最可靠的标志。"(本书第44页)并反复论证了低利息与工业发展的关系。这种主张对于促进资本主义生产的发展显然也具有积极作用。

关于利润率与利息率高低的原因,休谟的如下观点也值得重视。他认为,高利润和高利息"正是商业和工业不够发达、而不是缺乏金银的充分证明",低利润和低利息则"是由于工商业的发展、而不是金银量的增加所促成的"(本书第46页)。在对此作具体论证的时候,他侧重于用资本积累和竞争来说明利润率下降的必然性。这表明,他已经看到,资本主义经济的发展会导致利润率的下降,从而导致利息率的下降。

但是,对于利息是利润的一部分的观点,休谟的态度不如马西坚决和明确。② 有时休谟又认为,利润和利息虽然相互有关,但是二者之间不存在因果关系。他说:"研究低利息和低利润这两种情况中,究竟哪一个是原因,哪一个是结果,是没有用处的。两者都是从大大扩展了的商业中产生的,并且彼此促进……大大扩展了

① 《马克思恩格斯全集》第25卷,第422—423页。

② 马西在《论决定自然利息率的原因》一书中宣称:"因为人们为了使用他们所借的东西而作为利息支付的,是所借的东西能够生产的利润的一部分,所以这个利息总是由利润调节。"

的商业产生大量资本，因此，它既降低利息又降低利润；每当它降低利息的时候，总有利润的相应降低来促进它，反之也是一样。”（本书第51页）这种说法显然离开了利息率由利润率决定或调节的观点。

在本书若干地方，休谟隐约地提到了“商业利润”或利润的源泉问题。例如，他说：“制造商们不断辗转迁徙，……只要哪里有廉价的食物和劳动力，他们就飞向哪里”（本书第32页）；“在……交易事务中，会有相当一部分商品和劳动（农产品）归商人所有，这是他们应得的报酬，是必要而且合理的。”（本书第48页）从这里可以看到，他已经意识到利润同劳动者的劳动、劳动价格有关。但是，总的说来，他很少谈到这个问题。因此，尽管他很早注意到利润这一经济范畴并对它进行了一些分析，他在剩余价值理论上仍未能有较大的建树。

对于赋税问题，休谟在《论赋税》一章中也有所论列。十八世纪内，英国人民一直在激烈反对罗伯特·沃尔波尔推行了多年的间接税制度，因为它只是有利于土地所有者和富人，而对广大劳动者则是沉重的负担。休谟完全站在土地所有者和富人一边，力图维护这个制度。他提出，对黎民百姓的消费品征税，在征收得当的情况下，可以使人们克制物欲，崇尚节俭，养成勤劳的习惯，并迫使穷人提高生产积极性，完成更多的工作，以保持原先的生活水平；只是在下述情况下，消费税才算征收失当，即：“如果工匠不能以更加勤勉和节俭而又不提高劳动价格的方法，来交纳消费税，那么它们实际上应该说是很重的，是很不合理的。”（本书第81页）他更明确地说，用节衣缩食、增加劳动这两种“开源节流”的办法使工匠得以交纳税金,“同提高工匠工资的办法相比,是简便可行、十分自然的”(本书第 81 页)。他反对减少制造商的利润以减轻劳动者的负担,也反对将这种税负转嫁给商人和地主。在当时,间接税既是英国辉格党寡头统治的重要财源,又是资本加速积累的方便措施,休谟作为辉格党寡头统治的热烈拥护者和资本主义社会的既得利益者,称颂这个制度的确是“十分自然的”,然而如此赤裸裸地反对劳动者的利益,在古典经济学家中却是罕见的。

无论如何,“休谟在政治经济学领域中也还是一位值得尊重的人物”(马克思语)。对于休谟在古典政治经济学产生过程中所处的重要地位,恩格斯也作了肯定的评价。休谟的经济论著对于当时英国的知识界曾经发生广泛的影响,坎南在整理出版斯密在格拉斯哥大学的讲稿时曾说,斯密写这些讲稿时大量利用了休谟的经济论文。马克思在批判继承古典政治经济学、创立马克思主义政治经济学的过程中,对于休谟的经济理论给予了应有的注意。他从休谟论利息的著述中作了大量的摘录,并在撰述自己的利息理论时加以利用,可见休谟的利息理论对于马克思的利息理论的创立起过一定的作用。再就货币理论而言,马克思的货币理论是以劳动价值理论为基础的“第一个详尽无遗的货币理论”[①]。对马克思来说,批判资产阶级货币理论的过程和制定自己的货币理论的过程,是一个统一的研究过程。要透彻地弄清楚货币的起源、本质和职能,要科学地揭示出金属货币流通规律和纸币流通规律,就必须对已经成为科学研究的障碍的包括货币数量论在内的资产阶

① 《马克思恩格斯全集》第 24 卷,第 22 页。

级货币理论进行批判。这就不难理解,为什么在标志着马克思货币理论完成的《政治经济学批判》中,对休谟货币数量论的评述费了那么多的笔墨。就这个意义来说,批判休谟货币理论的过程,从一个方面促进了马克思货币理论制定过程的完成。

在现代西方经济学家们致力于“复兴”古典政治经济学的热潮中,休谟的经济理论也受到了他们的重视。一些人利用休谟的货币数量论进一步论证现代货币数量论,一些人则利用休谟的国际贸易理论来“充实”和“发展”国际经济学,论证资本帝国主义对外扩张的经济贸易政策。与此同时,我们也要看到,有的学者也在对休谟的经济理论进行比较深入的探讨(例如对于休谟的《人性论》和《政治论文集》中的一些经济论文之间的思想联系的研究),提出了若干值得注意的见解[①]。

因此,无论从深入学习、掌握马克思主义政治经济学的角度,还是从了解当代西方经济学的发展动向的角度看,认真研究休谟的经济理论,都具有相当重要的意义。

① 如日本《经济研究》1982 年 4 月号所载大野精三郎著《休谟对市民社会的系统认识》一文。

目　录

启　　事

本书中的若干原理和论证，多半已在《人性论》三卷集中发表过。《人性论》一书是作者在大学读书时构思的腹稿，毕业后不久就脱稿问世。作者本人对这本书并不满意，深恐仓促付印，谬种流传，所以又彻底改写，这便是本书各篇的由来。作者希望：通过改写，把先前在论证、特别是行文方面的若干疏误加以订正。但是对作者的哲学观点一向不吝赐教的诸公，却始终殚精竭虑，对作者本人并不认可的那部少年时代作品大施挞伐；而且还装出一副已经高居上风、大获全胜的架势。有鉴于此，作者由衷地希望：从今以后，在论及作者的哲学观点及原理时，均以本书为准。

论　商　业

人类大体上可以划分为两种类型：一类是才智短浅难窥玄奥的庸人，一类是出神入化超然物外的大智。大智固然凤毛麟角，为世所罕见，不过我以为，他们的作用极大，他们的价值十分宝贵。至少，他们对问题能提供启发性的看法，或者反面意见。尽管他们本人也许无力作深入的研究，却为后人提供了研究这些问题从而获得重大发现的机会，只要后人的思路更缜密、方法更精确的话。要不然，退一万步说，他们至少是妙语惊人、不落俗套，即使理解他们的所述要花一番推敲琢磨，人们也还是乐意听一些新奇不俗的议论。如果一位作者只能提供一些人们在任何一家咖啡馆里酒后茶余都能听到的老生常谈，那么这样的作者实无可取之处。

才情浅薄的人，总是惯于诋毁像大智那样具有真知灼见的人物，乃至玄学家以及成一家言者；对于任何为他们那贫乏不开窍的头脑所不能理解的新东西，从来不会给予公正的评价。我以为，一种独具创见的一家之言，往往提供了一种有力的根据来推定谬误；而凡是令人信服的推理总是极其自然、毫无矫饰做作之态的。不过，一个人在考虑如何处理某一具体问题，或者在政治、贸易、经济以及任何人生大计等方面制订计划方案时，绝不可能使他的根据总是那么尽善尽美，也不可能对种种可能的后果作过分深远周详的考虑。使他的推理不能成立，或者出现一种为他始料所不及的局面，这一类事情是不可避免地会发生的。但是，只要是对问题作概括性的推理，我们就有充分的理由断言：这种推理，即便是正确的，也永远无法做到尽善尽美的地步；同样，还可以断言：庸才与天才的分水岭，主要就在于他们研究问题时所依据的这些原理究竟是肤浅的，还是深刻的。概括推理之所以显得复杂就在于其概括性，要在千头万绪纷纭繁复的具体问题中，把大多数人一致公认的普遍情况同其他枝节情况区分开来，或者说，去芜存真，概括提纯，对于大多数人来说，也绝非易事。在他们看来，每个判断和结论都是特定的。他们既不能把自己的视野扩大到那些包罗万象的命题，也不能用某一原理提纲挈领地概括全部知识。他们一看到这种无限广阔的景象，便眼花缭乱、迷惘失措，而那些从中得出的结论，哪怕说理再明白透彻，似乎也变得扑朔迷离、晦涩难解了。但是可以肯定：普遍性原理，不论看起来有多么错综复杂，只要立论精当，言之成理，必然在事物发展的总趋势中始终流传不衰，然而在个别场合下不起作用也是可能的；而密切关注事物发展的总趋势，正是哲学家的天职。在这里不妨进一步说，这也是政治家的天职，尤其是在英国的内政治理方面，公众福利——这本是，或者说应该是政治家的宗旨——取决于大批事业的协同配合；而不像外国政局那样，取决于偶然的机遇，乃至极少数人的任性妄为。这样，就形成了具体思考与概括推理之间的区别，从而使微言大义、巧妙发挥更适合于概括推理。

在下文就商业、货币、利息、贸易平衡等问题进行探讨之前，先作这一番引言，我以为很有必要；因为在这些讨论中，说不定会出现某种自出机杼的原理，而这样的原理用来讨论这样鄙俗的题目，未免有点儿过于精微玄妙。这些原理，设有谬误，任凭抛弃。不过，谁也不应该只因这些原理不同寻常而对之抱有成见。

一般公认，国家的昌盛，黎民百姓的幸福，都同商业有着密切难分的关系，尽管就某些方面而言，也可以认为彼此之间并无制约互赖的关系。而且，只要私人经商和私有财产得到社会权力机构的较大保障，社会本身就会随着私人商业的繁荣发达而相应强盛起来。这一准则一般地说是正确的，然而我不禁想到：这一准则完全可以容许有例外情形，我们却往往毫无保留地全盘加以确认。有时，商业、财富以及个人的崇尚奢侈，并不能增强本国的社会实力，而只会起削弱本国军事力量、降低其国际声望的作用，这种情形也是可以见到的。见异思迁、反复无常，本是人类的天性，所以极易受种种不同观点、原理和行为准则的影响。一种东西，当你信奉某种思想方法时可能认为是正确的，等到你接受了另一套截然相反的观点态度时就会认为是谬误。

每一个国家的大多数人口，可以划分为农民和工匠两大类。前者从事土地的耕作，后者则将前者所提供的原料加工制成各种人类生活的必需品和装饰品。人类一旦结束了以渔猎为生的原始状态，就必然立即分化为这两类人，但是从事耕作的人*最初*要占社会成员的绝大多数[①]。随着时光的流逝和经验的积累，耕作技术

① 梅隆先生在其一篇论商业的政论文章中宣称：即使在当代，如果把法国人口划分作二十份，其中十六份是劳动者或农民，工匠只占两份，法政、神职及军事人员占一份，商人、金融家及中产阶级亦只占一份。这种估算法当然是很不正确的。法国、英国乃至大多数欧洲国家，有一半的人口住在城市，而且即使是住在乡村的人口，也有一大部分是工匠，人数也许超过农村人口的三分之一。

有了很大的改进，土地的出产能够很容易地养活一大批较直接从事耕作的人口数量要多得多的人口，换句话说，即为工匠提供了更多的维持生命必需品。

如果这批多余的劳力从事通常称为奢侈艺术的那种精巧手工艺生产，那就为国家增添了生活的乐趣，因为他们为许多人提供了享受这种乐趣的机会，要不然，人们就无缘结识这种享乐。然而，对于这批多余劳力的使用，难道就无法提供别的方案了吗？难道君主就不会提出要求：把这些劳力隶属于他个人，利用他们扩充海陆军，扩大版图，增加领地，扬国威于海外了吗？当然，领主和农民的欲望和需求愈小，则其所雇用的手艺工匠愈少，因而土地的剩余产物可以不用来养活商人和工匠，而用以供养海陆军——这支军队的人数，比伺候满足个别人的奢侈需求的手工艺从业人员要多得多。这就产生了一种矛盾：国家的昌盛似乎是与臣民的幸福相对立的。如果一个国家的多余劳力[①]完全不用于为社会服务，则这个国家绝不会强盛起来。私人的安逸和方便，要求把这些劳力用于为他们自己服务。人总是要靠牺牲别人才能得到自己的满足。正如君主的雄才大略必然要侵犯个人的安乐舒适一样，个人的安乐舒适也必然要削弱君主的实力，妨碍其抱负的施展实现。

以上的立论，并非只是一种不着边际的泛泛之谈，而是有历史和经验的事实可据的不刊之论。斯巴达共和国，其国力之强盛，在当时的世界上，在拥有同等人口的城邦中，确实是首屈一指的；这种局面之形成，完全是出于商业和安逸享乐的需要。在当时的斯

① 指农民以外的劳动者，手工艺人。——译者

巴达，希洛特人从事农业劳动，斯巴达人则是士兵或上等人。希洛特人的劳动显然无法养活为数这么众多的斯巴达人，如果这些斯巴达人过着舒服讲究的生活，从事各式各样的贸易和手工业的话。在古罗马，也可观察到类似的政策。事实上，纵览整个古代史，都可见到那些小小的城邦共和国招募供养着一支庞大的军队，其人数之多，就是今天人口为其三倍的国家也供养不起。据估计，当今所有的欧洲国家，其军队与居民人数之比，不超过一比一百。但是据史籍记载，在早期，仅罗马一城，就在其小小的领土上招募供养着十个军团[①]以对付古拉丁人。雅典，其整个版图不大于英国的约克郡，却派出了一支四万人左右的大军远征西西里。据修昔底德(Thucydides)卷七所载，老狄奥尼修斯(Dionysius the elder)供养过一支常备军，计步兵十万人，骑兵一万人，此外还拥有一支由四百艘战舰组成的庞大海军[②]；但是他的疆域并没有超出锡拉丘兹城——约为西西里岛的三分之一，以及意大利和伊利里科姆沿岸的几座海港市镇和要塞。诚然，古代的军队在打仗的时候多半是靠掳掠劫夺作为军需给养的来源，可是对方不也是同样搞劫掠吗？劫掠，在一切所能设想的征敛手段中，是最具毁灭性的。古代国家军队人数之所以比现代为多，除了商业和安逸享乐的需要外，不可能有任何别的理由。靠农民的劳动来供养的工匠，为数寥寥，因此就可以养活更多的军队。李维写道，在他那个时代的罗马，要想供养一支像当初罗马派出去征服高卢人和拉丁人那样的庞大军

① 古罗马的一个军团约有三千至六千名步兵，辅以骑兵。——译者

② 见西西里的狄欧多卢斯卷七。这个说法，我以为，多少是有点可疑的，虽不能说完全不可信，主要理由是：这种军队并非由公民兵组成，而是由雇佣兵组成的。

队，是难以办到的[1]。在奥古斯都时期，乐师、画师、厨师、优伶和裁缝，比比皆是，然而，像在凯米利时期那样，挺身而出为捍卫自由保卫帝国而战的公民兵，却几乎绝迹了；假定在这两个时期耕种的土地相等，土地的出产当然能养活同等数量的人口，不问其从事什么行业；但也只能提供维持生命之所需，仅此而已；这情形非但在奥古斯都时期是如此，在狄奥尼修时期更是如此。

写到这里，人们不免要问：君主们是否有可能倒退到古代政策的准则上去，因而就只考虑他们自己的利益而全然不顾为臣民造福了呢？我的回答是：在我看来，这几乎是不可能的；因为古代的政策过于暴戾，不太合乎天理人情，有违事物发展的正常过程。斯巴达实施的法律是多么独特，这个国家所创造的奇迹又是多么辉煌，这是尽人皆知的。凡是尊重人性的人，都理所当然地对之肃然起敬。这种情形，在别的国家和别的时代，也是有的。要不是历史的证据是那么确切翔实的话，人们或许会以为：这样的政权似乎纯系哲学家们的虚构，只是他们的心血来潮、想入非非，是永远也不可能实现的。尽管罗马和其他古代共和国是依靠比较顺乎天理人情的原则来支持维系的，但由于一系列特殊情况的协同起作用，最终导致了这些国家惨遭覆灭。这一系列的情况是：它们都是自由城邦，又是小国，那是个烽烟不熄、大战连绵的时代，他们和所有邻国都长期处于交战状态。酷爱自由必然产生共和精神，特别是在小的城邦国家里；而每当社会几乎长期处于戒备状态，人们时刻听

① 见李维卷七第二十四节。“我们现在为之操劳的”，他说，“只是增加财富和奢华”。

命于征召，准备为保卫祖国而赴汤蹈火时，这种共和精神、这种对祖国之爱必然有增无已。连年征战，使得每个公民都得过戎马生涯，人人都会轮到上阵出征；而在服役期间，基本上要靠自己养活自己。这种服役，的确等于是一种沉重的赋税，但是对于打仗上瘾入迷的人，却是感觉不到的；这种人打仗不是为钱财，而是为了荣誉和复仇，他们既不察稼穑之辛劳，又浑然不知什么是人生的乐趣①。不消说，在古代城邦共和国里，人们的财产是十分均等的，各人的份地都足以养活一个家庭，即使没有贸易和手工业，也是人丁兴旺。

虽然，对于崇尚黩武的自由民来说，他们之所以有时需要贸易和手工业，其宗旨也许只是为了进一步增强社会的实力；不过可以肯定，在人类共同事务的进程中，却有一种完全相反的趋势。对于人类，君主们只能按照他们的现状加以接受，绝不能妄求以暴力强制人们改变自己的思想原则和方法。而要想产生那种伟大的革命，使人类事务的面貌起千姿万态的变化，则需要有一个漫长的历

① 古罗马人同其所有的邻邦长期处于连绵不断的战争中；在古拉丁语中，hostis一词兼有“外人”和“敌人”的含义。关于这一点，西塞罗（古罗马政治家和哲学家，以雄辩著称——译者）已有论及；不过他把这说成是前贤的仁慈敦厚，为了使措辞尽量温和起见，他们把“敌人”这一名词称为 hostis，使之兼有“外人”之义。见《域外集》卷二。其实，根据当时的风俗习惯来看，倒完全有可能是由于当时的人们极其暴戾凶残，遂把一切“外人”都看作“敌人”，因而一律用 hostis 这个称呼。而且，要一个国家友善地对待其民族敌人，或像西塞罗所描述的古罗马人那样对敌人抱有恻隐之心，也是不符合政策或人性的最共同的准则的。何况，我们从波里比乌斯著作卷三中所看到的古罗马人同迦太基所签订的最早的条约，证实古罗马人早期确实从事海盗活动，而后来又像萨利和阿尔及林的流浪汉那样，同大多数民族都打过仗；所以，对于古罗马人，“外人”和“敌人”简直就是同义语。

史过程，一个经历种种纷至沓来、风云变幻的历史事件的长期演变过程。如果某一社会赖以维系的那一套原则愈是不太顺乎自然规律，立法者想要确立完善这套原则时所遇到的困难就愈大。在这种情势下，立法者最妥善的做法是：俯顺人心之所向，因势利导，提出为人们所易于接受的一切改进事宜。那么，工业、贸易和艺术就会按照事物发展的最合乎自然规律的进程，来提高君主的权力，增进臣民的幸福；那种导致国富民穷的政策乃是暴政。这一点，只要略加思索，是不难理解的，而且也使我们清楚地看到了懒惰和残暴的后果。

哪里的制造业和机械技术不发达，哪里的大多数人就得躬耕力田，从事农业；如果人们的劳动技能和生产情绪提高了，他们的劳动一定会生产出丰硕的成果，其数量将远远超过养活他们自身之所需而有余。既然他们不能用那部分剩余物换回那种可供他们消遣或满足他们虚荣心的商品，他们的生产情绪低落，也就不会有兴趣去提高劳动技能。懒惰的习性便乘虚而入，蔓延滋长，致使大部分田地无人耕耘而荒芜。至于有人耕种的土地，其产量也因农民不肯尽心竭力而达不到应有的高水平。如果一旦因社会的迫切需要而使大量人力从事社会劳务，农民的劳动就无法提供剩余产物来养活这批人。农民的劳动技能和劳动热情不是一下子能提高的。荒芜了的土地要好几年之后才能有收成。这时，军队只得或者仓促出动去进行暴力征服，或者因给养匮乏而解散，两者必居其一。因此，对于这样的民族，不能指望有正规的进攻或防御，他们的士兵，也像其农民和工匠一样地愚昧和低能。

世界上的每一样东西都要靠劳动来购买，人们的欲望则是劳动的唯一动机。一个国家的工业产品丰富，机械技术发展，则非但农民、就连土地所有者也都把农业当作一门科学来研究，兢兢业业，干劲倍增。他们的劳动所产生的剩余物没有白白浪费，而是用来交换人们为了享受舒适生活而渴望得到的那些商品了。这样，土地除了满足耕种者本身的需要，还提供了大量的维持生命必需品。在太平盛世，这种剩余产物用于养活制造商品及繁荣文化的从业人员。但社会也极容易把工业部门中的许多人转入军队，并用农民劳动的剩余产物来供养他们。就我所知，一切文明社会的政府，其情形就是如此。当君主招募一支军队时，随之俱来的是什么呢？征敛赋税。这种赋税迫使全体国民勒紧裤带减少维持起码生活的必需品。那些生产这类商品的从业人员，要么入伍当兵，要么转业务农，从而迫使某些农民弃农经商。概而言之，只有制造部门积存了大量的产品，社会可以对这种产品提出所有权，而又不致剥夺任何个人的生活必需品时，制造业才能增强国家的实力。因此，任何国家用于超出维持起码生活的产品越多，就越强盛，因为从事这种劳动的人可以极容易地转入社会劳务。一个没有制造业的国家，尽管劳力的数量可能相等，可是产品的数量却不会相等，而且种类也不会一样。这个国家的全部劳动都用于维持起码生活，不容有丝毫的削减。

所以，就贸易和制造业而论，君主的强大和国家的幸福在很大程度上是结合一体的。强迫农民苦干，以求所生产的东西多于维持农民本人及其家庭之所需，这是一种残暴的办法，而且多半是行不通的。如果把制造品和商品提供给农民，那么他就会自觉自愿地这样干。进而你就会发现，要征收农民剩余产品的一部分，用之于社会劳务，是不难办到的。由于养成了勤劳的习惯，农民会认为：这种做法，比起你如果一下子强迫他增加无偿劳动，还不算太难以忍受。对于社会其他成员，情况亦然如此。各种劳动（产品）的储备越是充足，可以从中抽取的数量就越大，而又不致产生明显的变化。

在任何情况下，社会的粮食、布匹和武器储备，必须真正做到仓廪富足，实力雄厚。贸易和工业名副其实地成为劳动的库存，这种库存，在国泰民安之世，旨在满足个人的安逸舒适；一旦国家出现紧急情况，也可部分地转化而应社会之急需。如果我们能把一座城市转化为一座坚固设防的军营，在每个人身上培养一种真正的尚武精神，一种国家兴亡匹夫有责的献身精神，使得人人勤王国事，奋勇争先，赴汤蹈火，在所不辞；那么这种爱国热忱，正如古代所显示的那样，就足以充分激励发扬吃苦耐劳精神，使社会得以生存下去。在这种时刻，最好像军营里那样，废止一切繁文缛节，取缔奢侈享乐，限制铺张排场，提倡节衣缩食，使粮秣充足，即使军队增加若干额外人员，也可维持较长时间而无虞匮乏。然而有鉴于这些原则过于大公无私，极难获得人们拥赞，所以有必要用其他的爱好来影响人们，以利禄在于勤勉、技艺即是享受的精神来激励他们。在这种情况下，军营配备着额外的随军人员，口粮消耗相应地有所增加。总的一致仍得以保持，由于人心的自然爱好得到较好的照顾，非但社会、就连个人也都认为，恪遵这些准则是有好处的。

用同样的推理方法，我们就会清楚地看到海外贸易的好处：既使臣民富裕幸福，又使国家国力强盛。对外贸易能够增加国家的产品储备，君主可以从中把他所认为必需的份额转用于社会劳务。

对外贸易通过进口可以为制造新产品提供原料，通过出口则可将本国消费不掉的某些商品换回产品。总之，一个从事大量进出口的国家，比起另一个满足于商品自给自足的国家来，其工业必然更加发达，在衣食住行各方面都更讲究享受。因此，这样的国家既富足又强盛。就个人来说，这些商品满足了他的各种欲望和爱好。就整个社会来说，也获得了利益，凭借这种办法，更多的劳动（产品）储备被贮存起来，以应一切紧急之需；也就是说，一大批劳力被维持下来，随时可以转入社会劳务，而又不剥夺其生活必需品，甚至基本日用品。

稽考史籍，就会发现：在大多数国家，对外贸易总是为国内制造业的翻然改进鸣锣开道，并带来穷奢极侈的享受。人们对于听候选购的舶来品，有一种别开生面的新鲜感，因而乐于使用舶来品，这种兴趣之浓厚总是超过了对本国商品实行改进的兴趣，遂使本国商品发展迟缓，即有新颖特色，也绝不会引人注目。把那种在本国售价低廉、难以脱手的剩余货物，拿到土壤或气候不适宜于生产这种商品的外国去倾销，也是神利市十倍的生意。人们从而认识了享受奢华之乐，经商作贾之利；人们一旦开了窍，领悟到随机应变和惨淡经营的秘诀，就坚持不懈地进一步改进对外贸易和国内贸易的每一个部门。同外国人做生意所产生的主要好处也许就在于：它使一些饱食终日无所事事的人奋发有为，它也为这个国家里那些寻欢作乐的纨绔子弟展示了穷奢极欲的新天地，这种奢侈豪华的生活，他们过去连做梦也想不到，因而在他们心中唤起了一股追求为他们的先辈所未曾享受过的更美妙的生活方式的欲望。与此同时，掌握了做进出口生意秘诀的少数商人，生财有道，大发

其财;他们的财富已经比得上古代的贵族,惹得别的冒险家们眼红,因而也操陶朱之业同他们竞争。风气一开,竞相效法,各行各业,急起直追;于是国内制造业赶超外国,提高产品质量,精益求精,力求使所有国产商品达到尽可能完美的水准。经过能工巧匠的精心制作,他们手里的钢铁变得像印度的黄金和红宝石一样值钱。

一旦社会情况形成这种局面,那么,一个民族即使其海外贸易大部丧失,亦不失为一个实力雄厚的强国。如果外国人不乐意接受我们的某种商品,我们就必须停止生产这种商品。这批劳力将转向别的行业,致力于改进可能为本国所需要的其他商品。必须始终保证工匠们有加工制作的原料,以便让国内富豪人人都能充分享用理想合意的国货——数量既丰富,质地又优良;然而这种情形却绝不会有。试看:中国在一般人心目中是世界上最富庶的帝国之一,可就是它的商业很少越出本国的疆域。

我希望别人不致认为这是离题万里的废话,如果我在这里说:正如机械技术多多益善那样,负责生产这些机器的人也是越多越好。公民之间贫富过于悬殊,会使国家受到削弱。人人,如果可能,都应当能享受自己劳动的成果:占有充分的生活必需品以及基本的生活日用品。没有哪个人会不相信:正是这种平等十分适合于人类的天性,它增进穷人的幸福,却丝毫无损于富人的幸福。它还使人们对于任何额外的赋税都肯踊跃缴纳,从而增强国家的实力。要是财富集中在少数人手里,则这少数人就得缴纳大量税款以供社会的需用。可是当财富分散在大多数人手里时,每个人肩上的负担也就轻了,赋税就不会对各人的生活方式造成多大的差别。

再说，财富如为少数人所独占，这少数人必然掌握着全部权力，就会千方百计地把负担完全转嫁到穷人头上，一步步压迫穷人，逼得他们最终失去辛勤劳动的热情。

上述情形，虽尚不及载入史册公之于世，却正是今日英国大大优越于其他国家之处。诚然，英国人也感受到了海外贸易有某种不利的一面——农产品价格高昂；这部分地是由于英国工匠的富裕以及货币充足而造成的。不过，既然对外贸易并非专门注重于博取实利，则农产品价格事关数百万人的生计福利，自不应锱铢必较，与民争利。只要百姓们对本国自由政府的治理无限爱戴，即此一端，亦已足矣，夫复何求。老百姓的贫困乃是君主专制的必然（如果不说是绝对真实的话）恶果。可是，要是反过来说：老百姓的富裕是自由的绝对可靠的结果，这种说法，我怀疑，也不见得一贯真实吧。要获致这种结果，除了有自由，还必须辅之以特殊转折的出现和某种思潮的崛兴。培根爵士在论述几次英法战争中英国所获得的好处时说，主要是英国老百姓的生活得到了较多的舒适和富足，至于当时两国政府的境况，倒是伯仲之间未见轩轾。如果农民和工匠惯于低工资劳动，惯于只获得自己劳动果实的一小部分，那么，即使在自由政府的治理下，他们也难以改善自己的处境或联合起来为提高自己的工资待遇而斗争。可是，要是在专制统治下，即使他们习惯于一种较为富足的生活方式，富人也可施展种种鬼蜮伎俩，巧取豪夺，把全部赋税转嫁到他们头上。

在法国、意大利和西班牙，老百姓的贫困，在某种意义上说，是由于物产富饶、气候宜人造成的；这种说法好像有点离奇，其实，这

种怪论并非无稽之谈，其中自有道理。在欧洲大陆的这些偏南地带，由于土壤肥沃，农业是一种并不费力的技艺；一个农民只要有两匹劣马，一季的收成就可以向地主交清相当高的租子。农民所掌握的耕作技术，只是：一旦地力枯竭，就让土地休闲一年；凭阳光的热量和气候的温度，就足以使土壤的肥力得到恢复和贮存。所以这类贫苦农民对于自己的劳动要求不高，只求得一最起码的温饱。他们一无牲畜农具，二无财产，——那是非分之想；同时，他们永远仰赖地主的鼻息，而地主，既不给租约，也从不担心：这种拙劣的耕作方法会糟蹋毁坏田地。在英国，土地是富饶的，只是粗糙点，耕种得花较高的代价；而且，要是经营不善，采用一种要在好几年之后才能充分发挥效应的方法的话，就会造成歉收。因此，英国的农民必须有相当的农具和较长期的租约，这样才能产生相应的收益。香巴尼和勃艮地[①]的葡萄园常常使地主获得每英亩高于五英镑的收益，却是由几乎家无隔宿粮的农民种植的，其原因就在于：这类农民除了靠自己的双手和花二十个先令就能买到的小农具之外，不需要任何牲畜和农具。在这些国家里，农民的处境一般也还差强人意。不过在所有从事稼穑的人们中，就数畜牧业者最为逍遥闲舒。其原因亦同上述。人们的收益必须同其所付出的代价以及所冒的风险相称。当大量的像佃农和自耕农这样的劳苦大众处于赤贫的境地时，则不问这个国家是君主政体还是共和政体，其他一切人也必定要分担他们的贫困。

关于整个人类的历史，我们也可提出类似的见解。试问：为什

① 均为法国地名，以盛产香槟酒和葡萄酒闻名于世。——译者

么居住在热带地区的人,一直技术落后,教化欠施,内政不修,军纪松弛;而少数地处温带的国家却始终完全免除这些弊病?产生这种现象的原因之一可能是:在热带地区,四季常夏,衣服和住宅对当地居民来说不是十分必需的,因而部分地失去了这种需要,而这种需要却正是刺激一切勤劳和发明创造的巨大动力。需求促进人的才智。不消说,在任何国家,人们享有的这类货物或财产愈少,则人与人之间引起纷争的可能性就愈小,从而建立治安或正规的政权以保护捍卫他们免受外敌侵犯和内部侵害的必要性也就愈小。

论技艺的日新月异

Luxury(享受,奢侈)一词是个含义摸不透的字眼,既可用于褒义,也可用于贬义。就一般而论,这个词是指满足感官需要的日益讲究,对于享受的每一步演进,都因时代、国家以及各人身份地位的不同,而有不同的评价,或认为无害,或认为应受谴责。在这方面,善与恶的界限,较之别的道德问题,更难于确切划定。试想,满足任何一种感官的需要,或一味考究衣着吃喝,本身就是一种罪恶,怎么可能进入一个不为七情六欲所动的人的头脑里呢!我确实听说过,在外国有这么一位僧侣,因为他修行的斗室的窗户朝着一所贵族的宅邸,就发誓永远不把目光转向窗子,或者说,永远不接受这类感官的满足。不喜欢喝淡啤酒或黑啤酒,而爱饮香槟酒或葡萄酒,之所以成为罪恶,其道理就在于此。纵酒狂饮,如果有损于公正博爱这类美德,就绝对是罪恶;同样,这类嗜好如果使得一个人倾家荡产,贫困潦倒,沦于乞讨,则是愚蠢。若为畅叙友情,阖家团聚,或接风洗尘,设宴压惊,即便觥筹交错,开怀痛饮,根本无害可言,这几乎已为历来所有的道德家们所一致承认。如果一味沉溺于醇酒美味,对于事业学问以及待人接物之道等等,弃之不顾,无所用心,那只能说明一个人的昏庸愚蠢,这与凌云壮志、超群才华的旨趣实在是格格不入。一个人如果纵酒无度,消磨一生,完

全不顾亲友之谊，家室之责，只能说明这个人冷酷无情，缺乏仁爱恻隐之心。但是一个人如果留出充分时间用之于值得称道的目标，而又乐善好施，慷慨解囊，则任何非难和指责就统统不会落在他头上。

既然享受不是被看作一种过错，就是被认为无害，对于这种颠三倒四、出尔反尔的看法，我们不免会感到惊讶莫名，然而这种看法却由来已久。生活放荡的人甚至对奢侈腐化也大加赞扬，认为对社会大有好处；可是在另一方面，古板道学的人，则连最无伤大雅的享受也要横加指斥，认为是随着民治政体而来的一切腐败堕落、混乱骚动、倾轧内讧的根源。在这里，我们要对这两种各趋极端的观点匡谬纠偏，办法是证明：一，享受随着时代的进步而日益精致，是人心所向极为正当的趋势；二，如果享受不再是无害的，也就不会是有益的；沉湎无度是有害处的，不过这种害处对于社会政治生活也许还不至于成为什么弥天大罪。

为了证明第一点，我们只需考察讲究享受对私人及社会生活的影响。按照普遍公认的看法，人类的幸福看来有三个方面：活动、消遣和悠闲。这三个方面必须按照各人的具体气质，以不同的比例结合为一体；这三者不可或缺，否则，便会在某种程度上破坏这个统一体的趣味。休息或悠闲本身，看来对人的享受确实不起多大作用，却像睡眠一样，对人是一种必不可少的生理嗜好，因为一个人办事或消遣，总得有所间断，否则是支持不了的，这是人天生的缺陷。那种使人全神贯注、忘乎一切并且得到基本满足的紧张的精神活动，最终会使人精疲力竭，而要求得到一定的休息，这种间歇和休息，哪怕是片刻工夫，也能令人感到惬意舒服；否则，继续活动下去，就会产生倦怠之感，昏昏欲睡，从而整个地破坏这种享受。教育、风俗和先例，对于改变一个人的精神生活，转移他的追求目标，具有极大的影响；必须承认，如果这种教育、风俗和先例有助于增进人们活动和消遣的旨趣，便是对当时的人类幸福起到了前所未有的促进作用。在工业发达技术进步的时代，人们终年操劳，安居乐业；作为对他们的报偿，这种操劳本身，也像作为他们劳动果实的消遣一样，使他们感到心满意足。人的思想总是生气勃勃，日新月异，人的才能和本领也在不断增长；依靠老老实实、勤勤恳恳的努力，一方面满足自己的正当欲望，同时防止邪恶欲念的孳生，而好逸恶劳往往是后者生长的温床。如果把社会上各行各业的活动都排除，那就取消了人的活动和消遣，只剩下一个悠闲，而且连悠闲的乐趣也给毁掉了；因为只有在劳动之后，为了使因操劳过度而疲惫不堪的精神得到恢复时，悠闲才是十分惬意的乐事。

工业和机械技术进步的另外一点好处是：往往促使文化艺术进步；这两者，在某种程度上是相辅相成，互相促进的。历史上产生伟大的哲学家和政治家、著名的将军和诗人的年代，通常也涌现大批技术高超的织布能手和造船巧匠。我们很难设想：在一个不懂天文学或不注重道德的国家里，会织出精美的呢绒。时代精神对各行各业都会产生影响，人们的思想一旦从沉睡中觉醒，就会酝酿反应，翻然改图，力求进取，给每项技艺、每门科学带来进步。愚昧无知被消除以后，人们在思想言行以及精神寄托和物质享受方面都享有理性人类的荣耀。

各种门类的技艺越是发达，人们就越爱好交际。因为当人们具备了丰富的知识，又拥有进行交际的钱财，要想让他们满足于当离群索居的隐士，或者以疏亲淡友的方式——那是一些蒙昧无知的化外之邦才有的异国情调——来和自己的同胞相处，那也是不可能的。人们聚集到城市里，热衷于接受和交流知识，显示才智和教养，表明各自的情趣——无论是谈吐的风雅，或生活上的爱好，以及对服饰家具的鉴赏力等。好奇心使人聪明，虚荣心使人愚蠢，追术享乐则兼而有之。到处都成立了各种社团和俱乐部，男士们和女士们济济一堂，无拘无束，怡然自得，人们的性格和举止立刻变得温文尔雅起来。由于养成了彼此之间倾心交谈和热情款待的习惯，人们不但增长了知识学问，提高了文化修养，也必然会感到人性变得更完善起来。勤劳、知识和仁爱就这样被一条牢不可破的锁链联结在一起了，人们根据理智和经验认为，这三者正是比较辉煌的年代、即通常称为崇尚享受的盛世的特征。

这些好处并不会相应地伴随产生任何弊端。人们的消遣享受越是考究，就越不会沉湎物欲，放纵无度，因为对于真正的消遣享受来讲，再没有比这种放纵无度更有害的了。我们可以蛮有把握地说：尽管欧洲国家的宫廷大臣们讲究饮食，纵情宴乐，然而鞑靼人杀马为筵，狂饮作乐，更加饕餮成性。要是寻花问柳、甚或移情别恋有违夫妇之义，往往只认为是一件风流韵事，在文明时代早已司空见惯；贪杯酗酒，倒不是十分普遍的现象，因为纵酒是一件更令人憎恶的罪恶，对一个人的身心健康更加有害。在这个问题上，我不仅要举出奥维德或皮特罗纽，也要提到塞尼加或凯托作为例证。大家知道，在凯蒂林谋反时期，恺撒在无可奈何的情况下，向凯托交出了一封情书——这封书信泄露了天机：他与凯托的胞妹塞维莉雅有暧昧关系;那位严峻的哲学家[①]气得当场就把这封信摔回给恺撒,由于抑制不止心头怒火,无法心平气和以礼相待,便使用了一个极为无礼的字眼,大骂他是酒色之徒。

勤劳、知识和仁爱,非但在私生活方面显示出其益处,而且也在社会生活中扩散其有利的影响:它们既使个人富庶幸福,又使国家繁荣昌盛。一切美化生活的商品的增加和消费,都对社会有好处;因为它们在成倍地扩大满足那些无害的个人欲望的同时,也增加了劳动(产品)的贮存,这种贮存,在国家一旦出现紧急情况时,就可转入社会劳务。如果一个国家不要求这种积余,人们崇尚清静无为,对各种生活享受不感兴趣,那么这种人对社会是毫无用处的,因为社会不能指望这样的懒汉来供养维持自己的海军和陆军。

所有欧洲国家目前的版图和两百年前几乎一样,可是这些国家的繁华景象却有天壤之别!这不能不归之于百工的技艺日进,克尽厥职。当初法王查理八世入侵意大利时,所统率的军队约为二万人,可是据吉希亚亭的记载,就这么一支军队也把法国拖得民穷财尽,一蹶不振,好多年恢复不了元气。嗣后的法国国王在打仗时却雇佣着一支四十多万人的大军[②],而且从马扎林之死直到他本人去世为止,整整打了将近三十年的仗。

同各个时代的技艺进步有着不可分割的联系的知识,大大地促进了这种勤劳;同时,正因为有了这种知识,社会便可以充分利用百姓们的勤劳获得最大的利益。人类的理性,在通过实践,以

① 指凯托。——译者

② 据(法国)旺多姆广场的碑文所载为四十四万人。

及通过至少在像商业和制造业这类较为庸俗的行业方面的应用，而获得提高和进步以前，要想改进法律、秩序、治安和纪律，并使之臻于完善，是绝对不可能的。怎能设想：一个连纺车也不会制造、或对纺织机的使用一窍不通的民族，会有一个治国有方堪为表率的政府。至于整个蒙昧时代，迷信泛滥，不用说，也会使政府形成错误的偏见，从而妨碍人们去寻求自己的利益和幸福。

通晓安邦定国之术，自然会产生宽厚中庸之道，用高尚的立身处世之道来教化万民，而不用酷刑峻法，因为苛政会导致官逼民反，而且由于断绝了赦免宽恕的希望，安抚招降就无法实现。随着知识的增长，人们的性情也变得温厚起来，人类的这种天性正在日益明显地表现出来，而这也是区分文明时代和原始蒙昧时代的基本特征。于是派系斗争就不是那样根深蒂固难以消除，变革和革命也不会成为那种惨绝人寰的灾难，法治也不致那么严峻，骚动叛乱也不会频频发生，甚至连对外战争也不显得那么残酷了。在战场上，荣誉感和利害关系驱使人们变得既冷酷又无畏；一旦沙场归来，这些经历战火洗礼的勇士便抛弃那种残忍的狠心，又恢复了真正的人的本性。

我们也毋需担心：人们抛弃了凶猛残忍的性格之后，会失去勇敢尚武精神，或者不能那么临危不惧勇往直前地保卫祖国、捍卫自由。技艺不会产生这种削弱身心的影响，相反，作为技艺的不可分离的伴当——勤劳，只会给身心增添新的力量。有人说“怒”是淬砺勇气的磨刀石，如果礼貌和修养使“怒”失去了某种粗暴的棱角，那么，一种更有力、更稳定和更能起支配作用的天赋——荣誉感，就会通过增进知识和接受良好教养的途径来发扬这种精神而获得新的活力。此外，还必须辅之以纪律和军事训练，这种勇气才能是持久而有用的。这一点，在野蛮人中间几乎是办不到的。古人说，达塔姆斯是唯一懂得军事艺术的野蛮人。当皮鲁士[1]看到罗马人的军队阵势整饬、训练有素时，不觉惊呼："这帮野蛮人的纪律倒并不野蛮哪!"值得指出的是，正如古罗马人热衷于打仗，所以几乎是未开化民族当中唯一的军纪良好的民族一样，今天的意大利人却是欧洲人中间唯一缺乏勇敢尚武精神的民族。要是有人把意大利人的这种柔弱懦怯归之于他们的耽于逸乐、文质彬彬和酷爱艺术的话，只消让他看一看法国人和英国人的情况：这两国人民的勇敢精神，正如其热爱艺术、刻苦经商的精神一样，是无可争辩地令人叹服的。意大利的历史学家们对本国同胞的衰落提供了更加令人信服的理由，为我们说明了意大利诸国君主们的武功一落千丈的过程；一方面，威尼斯的贵族对其臣民心存戒惧；另一方面，佛罗伦萨的民主政体一味热衷于经商；罗马为僧侣所主宰，而那不勒斯却由妇人秉政。于是打仗成了军人发横财的职业，他们互不伤害，最令人吃惊的是，他们整天忙于他们所谓的厮杀，却居然可以兵不血刃安然无恙地在夜里返回军营。

一些道德家之所以猛烈抨击百工技艺的日新月异，其主要原因就在于古罗马的前车之鉴。古罗马，尽管有贫穷、质朴和共和精神的一面，其宏伟庄严及民主自由却达到了惊人的高度；然而当它从被征服的行省学到了亚洲式的奢侈之后，就开始了全面的腐化堕落；从此叛乱迭起，内战频仍，结果终于完全失去自由。我们在

① 古希腊伊庇鲁斯国王，在位期间为公元前 306—前 272 年。——译者

儿童时代所熟读的拉丁著述家们的古典作品，都充满着这类感慨系之的情绪，普遍地把他们故国的没落崩溃归咎于从东方输入的技艺和财富，以致塞勒斯特[①]把爱好绘画也称为一种罪恶，说它的危害程度不亚于酒色。在日后的共和时代，这种情绪依然流传不衰；所以这位历史家就尽情讴歌古罗马人古板拘谨的美德，虽然他本人倒是个最出名的穷奢极欲享乐腐化的人物；他虽然是世界上最讲究辞藻的著述家，却以十分轻蔑的口吻议论希腊人的雄辩；不仅如此，他还故意使用一些荒唐透顶离题万里的废话和慷慨激昂、滔滔不绝的雄辩，尽管他自己是一位赏奇析疑长于修辞的文章名家。

对于罗马国家的混乱局面，这些作者归咎于享受和艺术，完全是找错了原因，要证明这一点并不难。一个腐败不堪的政府和贪得无厌的征服能招致什么样的结局，也是极容易说明的。在生活上讲究享受和舒适，本身并不带有引起贪污腐化的必然趋势。人类对任何一种享受所给予的评价，取决于比较和经历。一个看门人和一个朝廷命官，都同样有贪财之心，不过前者把钱花在咸猪肉和白兰地上，后者用以买香槟和莴雀。财富，在任何时代，对任何人都是宝贵的，因为人们总是要购买自己所习惯的和渴望的生活享受；除了荣誉感和美德，没有任何东西能够约束和控制一个人的爱财之心；而钱财，如果说它的数量在各个时代几乎都不等的话，那么在知识发展技术进步的时代，钱财自然最为充足。

在所有欧洲国家中，看来波兰，无论在战争时期或和平时期，

① 罗马历史家，公元前86—前34年。——译者

也无论在机械方面或文化方面，各行各业的技术都最差劲；然而，贪污纳贿、腐化堕落之风，倒是就数那里最盛。波兰的贵族贮存克朗的唯一目的，就是卖给那些肯出高价的人。这几乎就是波兰人所懂得的唯一的商业活动。

英国的一些特别区，虽从技艺改进以来迄今未衰，却再也不能像那个时期那样繁荣了。尽管晚近以来腐败现象也许有所滋长，这种繁荣主要应归功于当时的英国诸侯已经认清了局势：不实行议会制，或如果议会担心特许会有名无实的话，就无法实施有效的统治；于是毅然准许成立特别区。不用说，这种腐败现象或贪污纳贿之风，多半是在有选举权的人中间、而不是在当选者中间流行；因此，归咎于讲究生活享受是根本站不住脚的。

如果我们从一个适当的角度来考虑问题，就会发现：技艺进步对自由是相当有利的，它具有一种维护（如果不是产生的话）自由政府的天然趋势。在那些轻视百工技艺的未开化国度里，全部劳动都用在耕作方面；整个社会划分为两个等级——土地所有者及其奴隶或佃户。后者必然寄人篱下，与奴隶制相适应，处于被统治地位；尤其是，由于他们没有财产，他们的农业知识也就不为人重视，其结果必然形成轻视百工技艺。至于前者，必然自封为土皇帝，他们一定或者投靠一个专制独裁者，屈膝称臣，以保太平无事；或者，如果他们要想像古代贵族那样保持独立性，就必然实行封建割据，互相兼并，从而使整个社会陷入一片混乱，其结果说不定比一个最专制的政府更糟。只要讲究享受哺育了商业和工业，农民耕种得法，就会富裕和独立起来；与此同时，手艺人和商人都挣了一笔财产，赢得了第二流人物的势力和声望。这第二流人物正是自由社会最优秀最坚定的基础，他们既不肯像农民那样，由于经济上的贫困和精神上的自卑，而屈服于奴隶制统治的淫威；也不希望像贵族那样，骑在别人头上作威作福；既然如此，当然也不打算像贵族那样，拜倒在君主脚下，匍匐称臣。他们渴望人人平等的法律，以保障自己的财产不受君主以及贵族暴政的侵犯。

下议院乃是英国民选政府的支柱。举世公认，下议院的势力和威望基本上要归功于商业的发展，正是这种发展使得这么多财富落入平民之手。既然如此，对技艺改进横加指责，把它看作是自由和共和精神的死对头，岂不自相矛盾！

推崇古圣先贤的至德，针砭时弊，颂古非今，乃是人情之常、天生的倾向。既然只有文明时代的思想观念流传后世，人们所接触到的五花八门的说教，自然都是一味痛斥享受，甚至连科学也难逃批评，正是由于这个缘故，当代的人也就不假思索随声附和这种主张了。但要拆穿西洋镜，识破这种看法的谬误，也很容易，办法是：只要对当今之世的不同国家作一番比较对照；如果我们对双方都采取不偏不倚的态度，就能清楚地看出我们所熟知的那些风俗习惯的截然不同之处。变节和残忍，是一切罪恶中最可恨最恶毒的罪恶，似乎为未开化时代所特有；按照文雅的希腊人和罗马人的说法，是他们周围的一切野蛮民族所固有的特征。所以，他们本可以有理由推想，他们的祖先，尽管如此赫赫有名，可并没有什么崇高的德行，无论在道德情操上，或在爱好和科学方面，都远远不如其后代。一位古代的法兰克人或撒克逊人可以被人捧上天，然而我相信，每个人都会想到：他的生命和财产，在一位法国或英国上等人——这可是最文明国度里的最文明的人啊——的手里也不见得比在一个摩尔人或鞑靼人手里更加有保障得多。

现在再谈前面提出要加以阐述的第二点，即：正如无害的享受、或技艺和生活用品的精益求精，对社会是有利的；同样，只要享受不再是无害的，那么它也就不会是有利的；沉湎过度，就会产生害处，不过这种害处对于社会政治生活也许还不至于成为什么弥天大罪。

让我们仔细研究一下我们所谓的堕落的享受吧。一种嗜好，如果使得一个人沉溺其中，倾其所有，把钱都花在这上面，从而不能履行按其地位和财产所应承担的义务和责任，那么，这就是堕落的享受。假如一个人改过自新，把他的一部分花销用于教育自己的子女，周济朋友之急难，解救穷人于困厄，这会不会对社会造成损害呢？恰恰相反，虽然消费量还是不变，不过当初用于只使一个人得到小小的满足的劳动产品，如今用来扶困济贫，社会使数以百计的人得到满足。同样，圣诞节筵席上的一盘豌豆所耗费的操劳和辛苦，足以维持一户人家六个月的温饱。有人说，没有堕落的享受，杂役就会找不到雇主。这无非是等于说：在人类的习性中有某种天生的缺点，例如懒惰、自私、冷漠等，而享受，在某种意义上说，便是矫正这类缺点的补救办法，犹如药物学上的以毒攻毒。然而，善，就像营养滋补的食物一样，总是要比毒药（哪怕是中和了的）为好。

假设英国现有的人口数量不变，土地和气候条件也不变；试问：如果他们按所能设想到的最完善的生活方式生活，并且按照上帝的意志彻底改变他们的秉性和气质，岂非更幸福吗？如果有人敢说否，那显然是荒唐可笑的。既然土地的出产能够养活国内现有的全部人口，那么人们在这样一个乌托邦的国度里，除了疾患之灾，绝不会再感到有什么别的祸患；然而人类的苦难绝不止这些。除了疾病，其他一切祸患都产生于某种罪恶，或是我们自己的，或是别人的罪恶；甚至有不少疾病，也是起因于此。只要铲除这些罪恶，则祸患也就随之消失。不过千万注意除恶务净。如果除恶而不彻底，那只能使情况变得更糟。假使只排斥堕落的享受而不矫正懒散和对别人漠不关心的恶习，那样，除了使本国的生产情绪低落外，丝毫也无助于发扬人们慷慨解囊、乐善好施的博爱精神。所以只能说，让两种相反的罪恶并存或许要比其中之一独存来得有利。但绝不能说罪恶本身是有利的。如果有哪位作者在这一页上说，道德差别乃是政治家们维护公共利益的创造物，在另一页上却说，罪恶对社会有利，岂不是太自相矛盾了吗？（见《蜜蜂的寓言》）议论一种罪恶，而又一般地说它对社会有利，这种说法，无论根据哪种道德体系来看，确实是个矛盾。

为了使人们对于在英国一直争论不休的一个哲学问题有所了解，以上的论证，我以为很有必要。我称之为一个哲学问题，而不是政治问题。因为，不论人类这种不可思议的变革会产生什么样的结果，比方说会赋予人类各种各样的美德，免除一切罪恶，这些统统不挂在地方行政官的心上，他所关切的只是：有哪些可能发生的情况。他不能用劝人为善的办法来处置每件罪恶，而往往只能以罪恶来矫正罪恶；既然如此，他只好择其中对社会害处最小者而为之。过分的享受，固然是种种祸害的根源，不过一般说来还是要比游手好闲无所事事为好，要是后者取代前者，则无论对个人或对社会，往往为害更烈。如果游荡成风，那么一种庸俗、缺乏教养的生活方式便在人们中间流行起来，既没有交际，也没有乐趣。如果在这种情况下君主要求其臣民服役的话，本国的出产只能给劳动者本人提供生活必需品，根本无法给那些从事社会劳务的人提供任何东西。

论 货 币[①]

严格地说,货币并不是一个商业方面的问题,而只是人们约定用以便利商品交换的一种工具。它不是贸易机器上的齿轮,而是一种使齿轮的转动更加平滑自如的润滑油。如果单就一个国家自身来考察,那么货币量的多寡是无关紧要的;因为商品的价格总是与货币的数量成比例的,所以,哈里七世时代的一个克朗[②]的作用,就和今天的一个英镑相等。只有社会才能从货币量的增加中获得好处,那也只是在同外国打仗或交涉的时候。正是由于这个缘故,所有富裕的贸易国家,从迦太基到英国和荷兰,都是使用从较穷的邻邦招募来的雇佣军的。假如使用本国的臣民,它们就觉得不利于积聚更多的金银财宝,因为付给它们所有的扈从的薪饷,必须按照社会的富庶程度而成比例地提高。维持一支二万人的小小英国军队所需的费用,足以维持一支人数为其两倍的法国军队。在最近的一次战争中,英国海军的给养开销,相当于古罗马帝制时

---

① 作者使用 money(货币)一词专指硬币或铸币,下同。——译者

② 英国旧制五先令硬币。——译者

期用以征服世界的全部军团的花费①。

人口众多,只要能吃苦耐劳,在一切场合,无论在国内还是在国外,也不论是为私还是为公,都是大有用处的。货币多了,用途却极其有限,有时甚至会造成一个国家在对外贸易方面的损失。

在人类事务中,仿佛有一种奇妙的机缘巧合,可以节制贸易和财富的增长,阻止某一民族独占贸易和发财之利;这一点,最初可能是由于害怕历史悠久的老牌商业的优势。要是一个国家在贸易上对另一个国家占了优势,由于前者在经营和技术上的优越条件,以及它的商人存货充足,实力雄厚,可以薄利倾销,后者就难以夺回它已经失去的地盘。可是在每个没有大规模商业和金银不多的国家里,劳动力的价格低廉,从而在某种程度上使这些凭仗优势的做法得到补偿。制造商们不断辗转迁徙,一次又一次地离开那些他们已经使之富裕起来的国家和省份,只要哪里有廉价的食物和劳动力,他们就飞向哪里,直到他们使这些地方也变得富庶起来,于是,出于同样的原因,他们又开始了新的转移。我们可以普遍地

① 古罗马步兵部队的一名列兵的薪饷是每天一个提奈里斯(denarius),约等于现在的十八便士。古罗马皇帝通常雇用二十五个军团,假定一个军团为五千人,则总数为十二万五千人。(见塔西佗《编年史》卷四)。各军团虽然也有勤杂辅助人员,不过其员额和薪饷都是不固定的。仅就各军团的正式编制来估算,士兵的薪饷不超过一百六十万镑。可是英国议会核准给海军的拨款通常为二百五十万镑,因而我们所支付的军官薪饷及杂项开销要比古罗马军团多出九十万镑。看来古罗马军队中的军官人数要比英国现有军队中的为少,但英国所雇用的几个瑞士军团不在此例。古罗马的军官薪饷极低,例如百人队队长的薪饷仅为普通士兵的两倍。由于士兵们要以自己的薪饷来购置衣服、武器、帐篷以及行李(见塔西陀《编年史》卷五),势必大大减轻军队的其他开支项目。因而这个武功煊赫的政府才得以花少量的经费轻而易举地主宰世界。根据上述估算得出这一结论,这乃是必然的。至于货币,在征服埃及之后,罗马就十分富足,其数量之多,几可与当今最富庶的欧洲国家相媲美。

观察到：货币一多，百物腾贵，这是亦步亦趋、形影不离地伴随着老牌商业的一种不利情况；而较穷的国家却可以在一切国外市场上，以低于较富国家的价格进行销售，从而限制了老牌商业在各国的活动范围。

这种情形使我对银行及纸币信用心存疑虑，虽然一般都认为这对每个国家都有利。食物和劳动力的价格必须随贸易和货币的增长而提高，这固然有多方面的不便，然而是无可避免的，而其结果，则是社会的繁荣富强——这是人人向往的目标。作为补偿，我们获得了两方面的好处：一是拥有这些贵金属，二是加强了国家在对外战争及交涉中的实力。但是没有理由用赝币来增加这种不便，因为，一来在支付结算上，外商是不肯接受的，二来在国内的任何一次大动乱中，它将变得一文不值。确实也有不少殷实的富户，他们手里钱币很多，却宁愿要信用可靠的纸币，因为纸币便于运输，保存较为安全。如果不设立国家银行，私人银行家就会乘机大肆活动，就像从前伦敦的金匠那样，或像现在都柏林的银行家那样。所以不妨认为：应让国有的公司享有那种纸币信用的好处。这样反倒好些。因为在每个富裕的国家里，它总会占有一席之地。不过要是人为地致力于扩大这样一种信用，恐绝不会对任何贸易国家有利，而是使这些国家蒙受不利；因为超出同劳动和商品的正常比例来增加货币，只能使商人和制造业主要出更高的价格去购买这些东西。由此看来，必须承认：只有银行打破目前流行的惯例，把收进来的钱都锁起来[①]，永不把金库回收的部分投入商业，

① 阿姆斯特丹银行的情况就是如此。

以避免增加流通中的货币,——只有这样的银行才是最有益的。国家银行采取这一手段,就可大量切断私人银行家和货币经纪人的买卖,不过国家就得承担支付这个银行的经理和出纳员等人的薪金的责任,因为按照上述假设这个银行是不会从其营业中获得利润的;国家从廉价劳动力和消灭纸币信用中所获得的好处,就足以补偿。不用说,国家手中掌握这么大量的货币,在紧急危难之际,可以随时动用,乃是一种极大的便利;至于所动用的部分,可以在国家恢复和平安定以后,慢慢归还。

关于纸币信用问题,下文还要作进一步的探讨。在这里,我要提出两点看法,并加以说明,以作为这篇货币论的结束语。这两点看法说不定与我国一些冒险的政治家的想法是不谋而合的。

有一位名叫阿那查西斯的塞西亚人[①],在本国从未见过钱币,曾敏锐地观察到,金银,在他看来,对希腊人似乎毫无用处,除了在计数和算术方面对他们有帮助之外。十分明显,货币只是一种代表劳动和商品的象征,一种评价和估计劳动和商品的方法。如果我们单就一个国家来看,那么,用来计算或用来代表商品的铸币不论多少,都不会产生任何好的或坏的影响,这就像某个商人不用数码少的阿拉伯记数法而用数码多的罗马记数法记账,并不改变他的账款一样。是的,较大量的货币就像罗马数码一样,反而不方便,无论在保管上或搬运上都更费事。这种说法虽然合乎情理,不过有一点却是肯定的,即自从美洲发现了金银矿,不光矿主,连欧洲各国的生产情绪都普遍高涨;这种劲头的形成,除了别的原因,

① 普鲁塔克:《一个人怎能在才能中感到自己的利益》。

把它归之于金银的增加，是不过分的。因此我们看到，在货币大量输入空前激增的各国，一切都有了起色，面貌一新：各行各业朝气蓬勃，干劲十足，商人更加雄心勃勃，力图进取，制造业者更加兢兢业业，精益求精，连农民扶犁也手脚轻捷格外用心了。如果我们只是考虑货币大量增加对一国本身所产生的影响，即抬高商品的价格，使每个人购买每样东西要付出更多的金币或银币，那是很难说明问题的。至于对外贸易，货币多了看来也对它不利，这就是说，货币一多会引起各种劳动产品的涨价。

为了说明这种现象，我们必须考虑：虽然商品价格的腾贵是金银增加的必然结果，可是这种腾贵并不紧跟着这种增加而来，而是需要一些时间，直到货币流通到全国并使各界人民都感觉到它的影响的时候。起初，看不出有什么变化，慢慢地，先是一种商品，随后是另一种商品，物价就一步步地上涨了，直到全部商品最终同国内新的货币量达成合适的比例为止。我认为，只有在人们获得货币同物价上涨之间的间隙或中间状态，金银量的不断增加才有利于提高生产情绪。任何数量的金银输入一个国家，并不是一开始就分散到许多人的手里，而只是被禁锢在少数人的保险箱里，这少数人立刻设法利用这些金银来牟利。这里面就牵涉到一系列的制造商和商人，假设这些人把货物运到加的斯①而换回了一批金银。这样，他们就得以雇用较前为多的工人，这些工人从来不敢梦想要求较高的工资，因此，遇到这样肯出好价的雇主，自然乐于从命。如果工人稀少，制造商肯出较高的工资，不过最初是要求工人增加

① 西班牙地名。——译者

劳动量的;对于这种要求,工匠们只要能吃得好喝得足,以补偿其额外的辛劳,是欣然同意的。工匠带着钱上市场,发现市场上样样东西还是先前的老价钱,于是买回了更多更好的东西供养家糊口之用。农民和菜农看到自己的货物销售一空,就乐意下回多种多产些,同时他们还能从商人手里多买些好布,因为布匹的价钱也和先前一样;这种大得其利的甜头自然激发了他们的积极性。追溯货币在全体国民中流通的过程是很容易的,我们将看到:货币在提高劳动价格之前,必然首先刺激每个人的勤勉心。

法国国王经常做货币交易,可以作为例证之一,说明钱币可以增加到一定程度而不引起上述后一种影响。在当时的法国常可见到:这种数值的增加并不引起物价的相应上升,至少在一段时期之内。在路易十四在位的最后一年,钱币增加了七分之三,而物价仅上升七分之一。目前法国谷物的售价与1683年相等,但是1683年的白银标价为三十利弗[①],如今却已上升到五十利弗[②]。至于在

① 法国古币名称。——译者

② 这些事实引自著名作者梅隆·杜·托脱的《政治管见》一书。不过我得承认,他在别处提供的事实往往十分可疑,使他在这个问题上的权威性有所下降。但是,认为法国钱币增加起初并没有引起相应的物价上升的一般观察,肯定是正确的。

顺便说说,这似乎是说明钱币种类为什么会逐渐而普遍地增多的所能提供的最佳理由之一,可是在托脱以及巴黎·特·佛奈论述这个问题的所有著作中,这一点始终被完全忽略了。比方说,如果把一切钱币回炉重铸,并假定从每个先令中抽掉价值一便士的银子,新先令大概也能同旧先令一样买到同样多的东西,因此,各种东西的价格就在无形中降低了,对外贸易活跃起来,国内的生产积极性也将因金镑和先令的大量流通而受到鼓舞,有所增长。为了实现这一设想,最好让新先令等于二十四个半便士;而为了保存假象,则以维持原值为好。由于我们的先令和六便士银币不断受磨损,重铸我国的银币已开始成为必要;不过我们是否有必要效仿威廉国王时代的先例,使坏币恢复原有成色,是大可怀疑的。

前一个时期可能进入法国的大量黄金、白银的情形就更不必说了。

从以上的整个论证中,我们可以得出结论说:货币数量之多寡,对于一个国家内部的幸福安乐,是无关紧要的。行政当局的上策是尽量保持这股增长的势头,只要当局采取这种措施,就能调动国内的生产积极性,增加劳动产品的储备,而这种储备乃是一切实力和财富的根本。一个货币在减少的国家确实要比当时货币虽不多却在上升的国家贫弱。这一点不难说明,只要我们承认货币量的那种变化,不论是消是长,都并不立即伴随发生商品价格的相应变化。在情势调整到一个新局面出现之前,总有间歇,在这个间歇期,金银减少会挫伤积极性,同样,金银增加会刺激积极性。工人受制造商和商人雇用的情况不尽相同,然而他在市场上购买每一样东西的价钱并不因此而有变化。农民可能卖不掉他的谷物和牲畜,不过租子还得向地主照缴。由此不难预见,贫困、行乞和懒惰必然接踵而至。

我对货币问题要提出的第二点看法,也许可以用下列方式来阐述:欧洲有几个国家和不少省份(它们都曾经历过同样的情况)货币奇缺,所以地主根本无法从佃户那里获得货币地租,而只能收取实物,这些实物不是供自己消费,便是运到别处去出售。在这些国家,君主只能以同样的方式征收少量的赋税,甚或无税可收;由于君主的税收之利极为微薄,这样的国家,国内的军队也是人数很少的,显然不可能像那种到处金银盈库的国家那样维持一支海陆军。德国今天的军队与三百年前相比[①],存在一种比例失调,而这

① 意大利人给马克西米利安皇帝起了个外号叫 Pocci-Danari。这位君主由于缺少金钱,从未办成过任何一件大事。

种比例失调比起它在生产情绪、人口及制造业方面的比例失调，确实要大。帝国时代的奥地利，一般说来是个人口繁衍、农业发达、幅员辽阔的国家，可是在欧洲的力量对比中，不具备与之相称的分量；而这，如所公认，就是由于缺少货币造成的。那么，所有这些事实又怎样才能和那条推理原则，即金银数量之多寡根本是无关紧要的，相符合一致呢？按照这条原则，无论在什么地方，君主只要拥有众多的臣民，他就是强大有力的；而臣民，只要拥有大量的商品，就是富裕幸福的；这些都与贵金属之多寡无关。这些贵金属在很大程度上是容许分而又分的：如果硬币少到有完全消失的危险，人们就往往在金银里羼杂贱金属，就像现在有些欧洲国家所做的那样，用这种办法来大量铸造更方便更实用的硬币。这种硬币，不论其数值和颜色是什么样的，仍可同样用作交换的手段。

对于这些困惑，我的答复是：这里所认为的来自货币稀少的影响，实际上却是来自人们的风俗习惯；我们把附带的结果误认为原因了（这种事情屡见不鲜）。矛盾是十分明显的，但是要想发现那些能够把推理同经验协调一致起来的原则，却是需要下一番思考和推敲的工夫的。

一切东西的价格取决于商品与货币之间的比例，任何一方的重大变化都能引起同样的结果——价格的起伏。看来这是不言自明的原理。商品增加，价钱就便宜；货币增加，商品就涨价。反之，商品减少或货币减少也都具有相反的倾向。

同样明显的是：与其说价格是取决于国内的商品和货币的绝对数量，不如说它取决于进入或可能进入市场的商品的绝对数量以及处在流通中的货币的绝对数。如果铸币锁在箱子里，对于价格来说它就好像消失了一样;如果商品堆在仓库和谷仓里,结果也会相同。在这种情况下,货币和商品永远彼此不相遇,所以也就互不影响。在任何时候,假如我们要推测粮食的价格,对于农民留作种子以及供他本人及其家庭食用的部分,绝不可估算在内;只有剩余的部分,才能对照需求情况来决定其价值。

为了应用这些原理,我们必须承认,任何国家,在其最初的蒙昧时期,当人们只想到本能的需要,而还没有意识到国家社会的需要时,他们满足于自己田地上的出产,或满足于他们亲手能制作的那些粗糙而已经有所进步的用具,根本就不需要交换,至少是不需要货币——因为货币,据论证,是一种交换的通用手段。农民用自己所养的羊身上的羊毛,在自己家里纺线,请邻近的织匠加工以后,就能满足服饰之需,那位织匠则得到了谷物或羊毛作为报酬。人们雇请木匠、铁匠、瓦匠、裁缝等,也是付给类似性质的报酬;住在附近的地主本人,也满足于收受农民所种出来的东西作为地租,其中大部分供他一家人消费,过乡村式东道主的生活;其余的部分,也许拿到附近的市镇出售变成货币,以此获得少量的物品,供其享用。

在人们开始对这些享受日趋讲究,有所发展,不再总是自给自足、或满足于邻里之间的互通有无之后,更多的交换和各种商业便应运而生,于是就有更多的货币进入这种交换。买卖人不愿接受只用粮食支付,因为除了果腹之外,他们还有别的需要。再者,农民往往到别的地区去购买自己所需的商品,总不能老是带着自己的产品去和提供他之所需的商人做交易。住在都市或国外的地主,也因为金银便于运输而要求农民以金银缴租了。各行各业都涌现了一批大企业家、大制造商和大商人，对于他们来说，只有使用钱币做买卖才最方便。在这种社会情势下，货币就迎合需要而更多地进入契约合同，用途比先前更加广泛得多。

其结果必然是：如果该国的货币没有增多，则在升平繁荣年代，比之蒙昧野蛮时代，一切物品一定便宜得多。因为正是流通中的货币与市场上的商品之间的比例决定着物价的贵贱。供自家消费的货物，或供邻里之间调剂有无的货物，绝不会进入市场；这些货物对货币流通量毫无影响，就这点而论，这些货物几乎等于零；因此，货物的这种用途降低了商品总量的比例，从而使价格上升。但当货币进入契约和买卖，并处处成为交换的手段以后，国内的现金虽然数量未变，却承担了更大的任务；到那时一切商品都上市，流通的领域扩大了；这情景就同要把这笔现金在一个较大的国家里分配一样，降低了货币量的比例，从而必然使一切物品变得便宜些，价格也就逐渐下跌。

根据对全欧洲的最精确的估算——这种估算也把货币在数值和单位方面的变化考虑在内，——可以看到：自西印度群岛被发现以来，欧洲的所有物品的价格仅上升了两倍，至多三倍。可是又有谁肯断言：欧洲今天的硬币量比起十五世纪以及更早的世纪，不会超过其三倍呢？西班牙人和葡萄牙人通过开矿，英国人、法国人和荷兰人通过对非洲的贸易和侵占西印度群岛，每年运回欧洲的硬币约为六百万枚，其中运往东印度的不超过三分之一。仅照这个数目，十年以后，就有可能使欧洲自古以来的硬币库存量翻一番。举不出令人满意的理由来说明：为什么一切物品的价格，除了那些由于风俗习惯的改变而时兴的物品外，并没有上涨到异常昂贵的程度。此外，在人们摆脱了古代简陋的生活习俗之后，由于手工业和工业的发展，不但商品的生产量有所增加，而且进入市场的同类商品也多起来了。尽管这种商品的增加同货币的增加一直不相等，却也相当可观，从而使硬币与商品之间的比例保持在接近古代的水平。

人们的生活方式，究竟以哪一种对各社会等级或整个社会最为有利，简朴呢还是考究？要是有人提出这样的问题，我将毫不犹豫地主张后者，至少从政治角度出发是如此；而且还要把它当作一种鼓励工商业的附带理由。

当人们以简朴的古代方式生活，全靠自给自足或左邻右舍调剂有无，君主就无法从相当一部分臣民身上征课货币赋税；假如他要向他们收税，他就只能收取实物，因为他们手里只有多余的实物；这种办法所带来的极大不便是显而易见的，毋庸在此赘述。君主所想要积聚的货币完全得靠各个封邑城镇，因为货币只在那些地方流通；而这些城镇显然无法提供全国所能提供的那么多，使金银足以在全国各地流通。除了税收的明显减少外，在这种情形下的社会贫困，还有其另外的原因：君主所收入的货币不但数量较少，而且花起来也不如在安居乐业、贸易发达的时代那样管用值钱。如果假定金银量相同，而一切物品较贵，那是由于进入市场的商品较少，货币总量的比例大于待售的货物量，从而决定了一切物品的价格。

在这里我们可以领悟到下列说法之谬误：任何国家，尽管土地肥沃，人烟稠密，文明开化，只要缺乏钱币，国势就积弱不振。这种论点在历史学家的著述中往往可见，甚至在日常琐谈中也时有所

闻。其实，缺乏钱币本身绝不会对任何国家造成损害，因为只有人和物才是任何社会真正力量之所在。倒是简朴的生活方式才给社会造成损害，把金银禁锢在少数人手里，妨碍了金银的普遍扩散和流通。相反，勤勉和讲究享受却使金银，不论其数量多么少，无孔不入地在全国扩散，使它进入每一项交易和契约，打个比方说，就是把它消化后吸收入每一条血管，让人人手里都掌握一点金银。当一切物品的价格因此而下降时，君主就获得双重的好处：他可以向全国各地征税以获得钱币，同时，他所收入的钱币可以在各种购买和支付中发挥更大的效用。

根据物价的对比我们可以推测，中国现有的钱币并不比三百年前的欧洲多；可是那个帝国所拥有的实力是多么巨大，如果我可以根据它所维持的军政机构来判断的话。波里比乌斯[1]告诉我们(见卷二第十五节)，在他那个时代，意大利的粮食非常便宜，有些地方，在客栈里吃顿饭的规定价钱为每人一个赛米斯(semis)，几乎只相当于四分之一便士！当时的罗马帝国已经征服了整个已知世界。就在那个时期之前大约一百年光景，那位迦太基使节以一种嘲弄的口吻说道，没有哪个民族比罗马人更爱好彼此交往，尽管如此，他们一行作为外国大臣所受到的一切款待，在每一次的宴席上总是看到老一套的饭菜(见普林尼[2]文集卷三十三第二节)。贵金属的绝对数量倒是个无关紧要的问题，重要的只是下列两种情况，即贵金属的逐步增多以及在全国各地的彻底扩散和流通；对于

① Polybius，古希腊历史家，公元前205—前125年。——译者

② 古罗马学者，公元23—79年。——译者

这两种情况的影响，本文已经有所阐述。

在下一篇论文里，我们将看到一种和上面提到过的说法相类似的谬论，它把一种伴随发生的结果当作原因，并把后果归咎于货币的增多，这种后果其实是人们风俗习惯的改变所引起的。

论 利 息

众所周知，低利息是说明一个国家繁荣状态的最可靠的标志，这是完全正当的意见；不过，在我看来，其原因却与一般人所理解的有些不同。低利息一般都归因于货币量的增多。然而不论货币怎么增多，除了使劳动（产品）价格上升（如货币量一旦确定下来）绝不会产生别的影响。银币比金币价值低，所以出售同量的商品所获得的银币量要比金币多。但是付给借贷银币的利息是否就因此而稍低呢？利率，在巴塔维亚和牙买加[①]为10％，在葡萄牙则为6％，虽然这些地方，正如我们可以根据物价而了解到的那样，富有金银，其数量超过了伦敦和阿姆斯特丹。

假如英国的全部黄金一下子消失，并用二十一先令来取代每个畿尼，那么货币是否会多些，或利息会低些呢？肯定不会，只是用白银来代替黄金而已。又假如金子和银子一样普通，而银子又和铜一样平常，那么货币是否会多些，或利息会低些？答复无疑还是上面那个。只是咱们的先令变成黄色的，半便士变成白色的，不再使用畿尼，如此而已。如果我们不把这种金属钱币颜色上的改变看作什么重大后果的话，那么就看不出有什么别的异样之处，而

① Batavia，今美国地名，Jamaica，拉美地名。——译者

且也不会在商业、制造业、航海业或利息等方面引起什么变化。

在贵金属数量多寡方面所能明显见到的这些较大变化，都应该看作是次要的。如果金银增加十四五倍也没有什么影响的话，那么增加两三倍又何足道哉。因为无论怎么增加也只不过使劳动和商品的价格上升，此外别无其他影响；何况就连这类变化也无非是一种名称上的改变罢了。在这些变化过程中，金银的增加虽然会有某种影响，可是当价格按照这种新的增加而相应固定之后，这种影响也就不成其为什么影响了。

结果总是同原因保持一致的。从发现西印度群岛以来，价格上升了将近三倍，而金银的增加可能要多得多；可是利息的下降还没有超过原来的一半。因此，利息率并不取决于贵金属数量之多寡。

货币的价值大体上是约定俗成的，所以，就一国本身而论，其数量之多寡是无关紧要的；货币量一旦固定下来，即便数量十分巨大，其结果也只是使每个人在购买正常生活所需的衣服、家具或其他用具时，付出更多锃亮的金银币而已。假设有人为盖房子借钱，他就得多借几个；因为石料、木料、铅皮、玻璃等，乃至瓦工木工的劳动，都要用更多的金银币来代表。既然这些金属货币基本上被当作代表物，那么不论其形状大小、数量多寡以及重量颜色如何，都不会使货币的真实价值或利息产生任何改变。同样的利息在任何情况下都保持着与本金相应的同样比例。假如你以百分之五的利率借给我那么些劳动和商品，你就会收回相应的劳动和商品，不论是以金币还是银币来代表，也不论是以磅或盎司来计算。所以，想从一国所有的金银量的多寡中寻找利息率涨落的原因，实在是徒劳的。

高利息有三方面的原因:一,借贷需求大;二,满足这种需求的财富少;三,经商的利润高。这三个方面,正是商业和工业不够发达、而不是缺乏金银的充分证明。反过来说,低利息则起因于三个相反的方面:一,借贷需求小;二,满足这种需求的财富多;三,经商的利润低。这几个方面的紧密相连,也是由于工商业的发展、而不是金银量的增加所促成的。我们将致力于证明这些论点,并从借贷需求大小的因果关系谈起。

一个民族一旦脱离了原始状态,其人口繁殖增多超出了原有数量,必然随即产生财产不均的现象;有的人占有大片的土地,有的人少得可怜,还有的人连一寸土地也没有。占有土地多、自己种不了的人,便雇用那些无地的人来种,讲好只收取出产的一部分。这样,就立刻形成了土地收益。那时候还没有任何确定的、哪怕是最简陋的管理方式,要是有了这种管理方式,事情就不会这样处理了。在这些土地所有者当中,秉性各异;有的乐于把自己土地的出产储存起来备将来之需,有的却情愿把可供若干年用的东西马上消费掉。由于有固定的收入可供花费,过着一种优游卒岁的生活方式,人们在百无聊赖之余,十分需要找点精神寄托,于是哪怕最低级拙劣的消遣,也就成了大多数土地所有者追求的目标;而在土地所有者当中,挥金如土的浪子总要比吝啬的守财奴多得多。因此,在只有土地收益而又不知节俭的情况下,借钱花的人必然多起来,利息率也必然有相应的变化。这种变化并不取决于货币的数量,而是取决于当时流行的生活习惯和风尚。借贷需求的升降起伏也决定于此。如果货币多到连鸡蛋都卖六便士一个,要是社会

上只有乡绅土财和农民这两种人，告贷者必然很多，利息亦随之上涨。地租会比原先加重增多，因为地主的游手好闲一如既往，百物昂贵，地租所得，转手之间就挥霍精光，同样也会产生借贷的必要和需求。

至于我们提出来研究的第二个方面，即满足这种需求的财富之多或少，情形亦复相同。这种结果也是取决于人们的生活习惯和方式，而不是金银的数量。任何国家，要想保持有较多的放贷者，拥有大量的金银是不够的，或者说不是必要条件。只有使财产或对国内金银（不论多寡）的支配权集中在某些人手里，以形成相当可观的金额，或组成一个强有力的金融界，才是不可或缺的必要条件。这样就产生了一批放贷者，从而使利率降低；而这，我敢断言，并不取决于钱币的数量，而是取决于某种风尚习俗，这种风尚习俗使钱币积聚成一笔笔零星金额或极为可观的大宗钱财。

假设由于奇迹使每个英国人在一夜之间都在衣袋里发现有五个金镑，这就会比全国现有的货币翻一番还多；然而绝不会就在第二天或过些天以后，放贷者便增多了，或利息就有了变动。又假设这个国家只有地主和农民两种人，那么这货币无论怎么多，也绝不会积聚成大笔的款项，只不过使样样东西都涨价，如此而已。挥霍成性的地主一拿到钱立刻就花光，而一贫如洗的农民，除了要求维持最起码的温饱外，别无奢望，他们既没有这般资财，也不存这种非分之想。借贷者多于放贷者的情况依然如旧，利息也就不会下降。上述情况还有赖于另一原理，而且必须在勤俭成风，技艺和贸易有所发展的条件下才会出现。

一切对人类生活有用的东西都产自大地，但在使这些东西显得有用的那种必要环境，简直就产不出任何东西。所以，除了农民和地主以外，还必须有另一种人，这种人从农民手里弄来原料毛坯，经过加工，制成各种成品，只留一部分供自用和养家糊口。在人类社会的初期，工匠和农民之间、这一部分工匠和另一部分工匠之间的这种协作，是通过他们本身直接实现的；由于彼此是乡邻，很容易了解彼此的需要，就能互助合作，互通有无。但是随着人们勤劳精神的增长，人们的眼界也大为开阔，原来：边陲之区也可像毗邻之乡一样互相协作，这种调剂交流可以无限扩展，日趋繁复。于是商人——一种最有用的人便应运而生，他们奔走于全国各地，在那些根本互不相识、互不了解彼此需要的人们之间充当经纪人。比方说，在某城市有五十名生产丝绸麻布的工人，还有一千名消费主顾，这两种人彼此十分需要，可就是无缘凑在一起，等到有人开设一家店铺，于是工人和所有的顾客就经常去光顾了。又如甲地牧草丰茂，当地居民在干酪、黄油和牲口方面绰绰有余，就感面包和谷物不足；可是在附近的乙地，那里的面包和谷物堆积如山，当地的人根本就用不了。有一个人发现了这个情况，于是在甲乙两地之间贩运谷物和牲口，满足了双方的需要，即此而论，他做了件造福于众的大好事。随着人口的增多和勤劳精神的发扬，人们之间交往的困难也增加：居间经纪或买卖的事务变得更加复杂，分工渐细，牵连益广，形成一种日益错综纷纭的局面。在所有这些交易事务中，会有相当一部分商品和劳动(农产品)归商人所有，这是他们的应得报酬，是必要而且合理的。至于这部分商品，商人有时保存实物，但更经常的做法是换成货币——通用的商品代表物。如果一个国家的金银同勤劳一起有所增加，就要求这种金银的增加能代表商品和劳动(农产品)的增加。要是只有勤劳的增长,物价必然下降,少量的货币就足以充当代表物。

人类永远不知餍足的欲望或需求,莫过于施展才智发挥所长,这种欲望似乎是人类大部分爱好和追求的基础。让一个人无所用心,不务正业,成天游手好闲,他从这种赋闲中所感受到的精神压力无比沉重,于是寻求刺激,耽于逸乐,对于这种纵情声色挥霍无度必然会使他倾家荡产的后果,完全置之脑后。假如让一个人以一种比较无害的方式来发挥自己的精力和才智,他就得到满足,不再有那种无休无止地追求娱乐的欲望。如果一个人所从事的工作能赚钱获利,特别是在每有所劳、利即随之的情况下,由于频频获利,在他的心中就渐渐对这个事业产生热爱,而把眼看自己的财产与日俱增当作人生最大的乐趣。这就是为什么商业扩大节约,为什么在商人中守财奴大大超过挥霍者,而在土地所有者中情况则相反的原因。

商业能促进勤劳,把这种精神带给每个社会成员,自然而然地流传开来,使人人不当无用废物与草木同腐。商业能发扬节俭,使人人安居乐业,发挥一技之长来求利;这种技艺很快就使人精神有所寄托,转移奢侈逸乐的癖好。一切勤劳的行业使人节俭,同时也使爱利得之心胜过嗜逸乐之念,这一点是放之四海而皆准的。在开业的律师和医生中,大多数人都是量入为出,留有余地;入不敷出或挣多少花多少的人毕竟是少数。虽然如此,律师和医生不产生任何生产活动;而且他们的财富是靠牺牲别人得来的;这样,他们使自己的财富增加多少,就一定使某些同胞的财富减少多少。相反地,商人促进勤劳,他们起着渠道的作用,把这种精神传输到全国各地;与此同时,由于节俭,他们获致了巨大的实力可以左右这种勤劳,他们积聚了以劳动和商品形式出现的大量财富。这些劳动和商品所以能生产出来,主要靠商人的作用。因此,除了商业,再没有任何别的行业能增加货币所有者,或者换句话说,能够促进勤劳,并且通过发扬节俭,也使社会上的某些成员能够有力地主宰这种勤劳。一个国家,如果没有商业,就必然基本上只有地主和农民这两种人;地主的挥霍浪费产生着一种持久的借贷需求,农民是无钱来满足这种需求的。钱分散在许许多多人之手,不是花天酒地滥用乱花,便是用于购买维持起码生活的必需品,永远无法积攒成大宗的库存或现金以供放贷生息。只有商业才能把钱币聚集成大宗的资金,而要产生这种效果,必须依靠它所促进发扬的勤劳与节俭,至于货币在国内的流通量,则与此无关。

因而,商业的增长造成放债人数目的增加,因此引起利息率的降低。我们现在必须进而考察,商业的这种发展究竟在多大程度上能够降低其利润,从而产生使利息下跌的第三个方面的情况。

关于这个问题,下列说法或许是恰当的:低利息和商业中的低利润,是彼此互相促进的两件事,两者都来源于商业的扩展,商业的扩展产生富商,使货币所有者增加。商人有了大笔的资本,不管这些资本是由少量的铸币还是由大量的铸币代表,都必然常常发生这种情况:当他们倦于经商,或者他的后代不喜欢或没有才干经商的时候,有很大一部分资本就自然地寻求一个常年的可靠的收入。供应多了就使价格降低,使放债人接受低利息。这种考虑迫使许多人宁愿把他们的资本留在商业中,满足于低利润,而不愿把他们的货币按更低的利息贷放出去。另一方面,当商业有了很大的扩展并且运用大量资本的时候，必然产生商人之间的竞争，这种竞争使商业利润减少，同时也使商业本身规模扩大。商业中的利润降低，使商人宁肯在离开商业，开始过清闲日子时接受低利息。因此，研究低利息和低利润这两种情况中，究竟哪一个是原因，哪一个是结果，是没有用处的。两者都是从大大扩展了的商业中产生的，并且彼此促进。在可以得到高利息的地方，没有人会以低利润为满足，而在可以得到高利润的地方，也没有人会以低利息为满足。大大扩展了的商业产生大量资本，因此，它既降低利息又降低利润；每当它降低利息的时候，总有利润的相应降低来促进它，反之也是一样。我可以补充说一句，正如商业和工业的增长引起低利润一样，低利润反过来又促使商业进一步增长，因为低利润使商品便宜，鼓励消费，促进工业的发展。因此，如果我们从这种因果关系的整体来考察，那么利息就是国家状况的真正的晴雨表，低利息率就是人民兴旺的几乎屡试不爽的标志。低利息是工业发展的证明，它迅速传遍全国，简直就像一场示威一样。有时一场突如其来的商业上的大失败造成大量抛售货物，说不定也会临时引起同样的结果，这也不是没有可能的；不过这时一定伴随发生穷人失业、民生凋敝的严重现象，再加上短期性，所以不可能把这两种情况等同起来，混为一谈。

有鉴于使利息下跌的那种工业一般都带来大量的金银，就有人断言：货币多是利息低的原因；持这种见解的人看来是把伴随结果当作原因了。有了五光十色、精美绝伦的工业品，加上雄心勃勃善于钻营的商人，哪怕在天涯海角，也会很快把货币吸收到国内来。同样，由于生活日用品的增多和工业的发展，大量财富积聚在并非地主的人的手里，从而使利息下降。货币多和利息低，这两种结果自然都是商业和工业的产物，但是，它们却是彼此完全独立的。假设有一个国家迁进太平洋中，不和任何外国通商，也不懂得航海；又假设这个国家始终拥有同量的硬币库存，可是人口和工业却不断增长；那么这个国家的一切商品的价格必然下跌：因为确定其相互价值的是货币与各种商品之间的比例；还是按照上述假设，生活日用品一天天多起来，而流通中的货币并无变化。那么，在这个民族中，少量的货币就能使人变成富翁，当然是在安居乐业的时代，而不是愚昧懒惰的时代。无论修建住宅，陪嫁女儿，购置地产，开设工场，乃至养家糊口，添置家具，都只要少量的货币就能办到。以上都是人们借钱的用途，所以说，一个国家的货币量的多寡对利息没有影响。然而由于人们出利息借货币，借的实际上就是劳动和商品，所以劳动储备和商品储备的多少，对于利息必定有重大影响。要是商业扩展到全球，那么工业最发达的国家的确总是金山银海，所以说，低利息和货币多事实上几乎是不可须臾分离的。虽然如此，了解这两种现象各自产生的原理，以及区分哪是原因、哪是伴随结果，却至关紧要。不但如此，这种推测尽管有点离奇，但在处理社会问题时却不免经常要用到，至少必须承认：除了通过实践来改进对这些问题的推理方法外，再没有别的方法可供使用。这种推理方法在研究一切其他问题上是最为重要的，不过通常总是以最灵活最概括的方式来进行。

在有关低利息的原因问题上的这种错误见解所以流行，看来还有另一点理由，即存在着某些国家的实例：在采取国外征服的手段，突然掳掠到一批钱币或金银之后，只要这批钱币一旦扩散并逐渐渗入每个角落，则不但在这些国家本身，而且还在其周围的各国里，利息都将下降。例如，根据威加(Garcilasso de la Vega)的记载，西班牙在发现西印度群岛后，国内的利息率几乎立即下降一半，从此以后，欧洲各国的利率也相继逐步下跌。又如狄奥尼修卷二所载，在征服埃及之后，罗马的利息从百分之六下降为百分之四。

面对着这样的史实，在征服国及其邻邦，利息下降的原因好像是不同的，但是对于这两个国家的实例，我们却不能把这种结果理所当然地只归之于金银的增加。

在征服国里，当然可以设想，这批新获得的钱币会落入少数人之手，并攒成大宗的现金，谋求有保障的收入，或者置地，或者生息，不久，与工商业大发展时相同的结果就接踵而至，放贷者的增加超过了借贷者，使利息下跌；如果那些获得大笔现款的人，在国内找不到工业或商业，除了放债生息，再找不到别的办法来使用自己的钱币的话，那利息的下跌就越发快了。但是，当这种新增加的大量金银被吸收流通到全国之后，地主和暴发户照常饱食终日，无所事事，超过收入大肆挥霍；地主天天债台高筑，暴发户则坐吃山空内囊告罄；这样，用不了多久，情况就又恢复原状；这全部货币可能仍在国内，并且通过物价的上涨让人感到它的存在；只是不再积聚成大宗金额或库存，借贷者与放贷者之间的比例失调还像先前一样，结果造成利息的回升。

因此我们看到，早在台比留时代[1]，利息又上升为百分之六

① Tiberius，古罗马皇帝，在位期间为公元14—37年。——译者

(见科鲁迈拉卷三第三节),尽管没有发生什么事件把这个帝国的钱币耗尽。在图拉真时代[①],意大利的抵押借款的利息为百分之六(见普林尼书信集卷七第十八函);在俾斯尼亚[②]普通抵押贷款的利息为百分之十二(同上书卷十第六十二函)。如果说西班牙的利息没有回升到原先的高度,这只能归之于使利息下降的原因还在继续,即不断地在西印度群岛大发横财,不时地运回西班牙,从而满足了借贷者的需求。由于这一外来的偶然原因,西班牙比之情况相反,商业和工业极不发达的国家,放贷的货币较多,也就是说,积聚成大宗金额的货币较多。

至于嗣后在英法以及其他没有金银矿的欧洲国家里相继发生的利息下降,是平稳而逐步的,只就其本身来考察,它并非来自货币的增加,而是来自工业的发展;在货币的增加尚未引起劳动和粮食的价格上升的间歇期,这种工业发展倒是货币增加的正常结果。现在让我们回到前面的假设上来,如果英国的工业由于其他种种原因而大发展了(这种发展是极有可能发生的,虽然货币的库存量保持不变),那么上文所提到的一切后果未必都会照样发生吧?在那种情形下将会看到:国内人口的数量、商品量、工业、手工制造业和商业都和原来一样,因而商人及其存货量也不变,也就是说,为商人所支配的、只用少量金银币所代表的劳动和商品量也不变;这只会对大车夫、搬运夫及皮箱匠等有影响,然而却不是一种十分重要的情况。所以很明显,尽管奢侈品、制造品、技艺等像目前一样

---

① Trajan,古罗马皇帝,在位期间为公元98—117年。——译者

② Bithynia,古国名,在今小亚细亚西北部。——译者

地繁荣兴旺，勤劳和节俭之风盛行不衰，还一定照常保持着低利息；因为，就所有这些情况决定着商业利润以及每个国家的借贷者和放贷者之间的比例而论，低利息是所有这些情况的必然结果。

论贸易平衡

在那些不了解商业的性质的国家里，禁止商品出口，把它们认为宝贵和有用的任何东西都保存在本国，是一种司空见惯的做法。这些国家并不认为这种禁运的做法会事与愿违，适得其反；也没有想到，任何一种商品，出口得越多，国内就生产得越多，而且本国总是近水楼台首先受惠哩。

饱学之士无不知晓，古代的雅典法把出口任何物品，哪怕是不足挂齿的小东西，都定为罪行；比方说阿提喀[①]盛产的一种水果吧，雅典人认为它的味道真美，一定能合任何外国人的口味。这种荒唐透顶的禁运，在当时居然搞得那么雷厉风行，怪不得雅典人从此管告密者叫做 sycophants，这是由两个希腊词合成的新词，这两个词的意思分别是鸡毛蒜皮和发现者（见普鲁塔克《异闻录》）。在英国议会的许多古老法案里，也能找出种种证据，说明当时的英国，特别是在爱德华三世统治时期，对商业的性质也同样是不理解的。时至今日，谷物的出口，在法国几乎始终被禁止，这样做据说是为了备荒；可是事实很明显，这种禁运并未起丝毫作用，在这个沃野千里的国土上，依然饥馑频仍，饿殍遍野。

① 希腊东部一地区。——译者

在好多国家里，对于货币，也同样流行着一种提心吊胆的恐惧；对于这些人，需要从道理和经验两个方面来加以说服，这类禁运只能起这样的作用：唤起被禁运物品的交易，从而促成更大的出口。

或许有人说，这类错误是一目了然十分明显的；但是即使在对商业十分了解的国家里，也还流行着一种对贸易平衡的强烈戒惧，唯恐自己的金银全部外流。我以为，这种担心在任何情况下根本都是毫无根据的杞忧。担心钱币会离开一个有人力有工业的国家，就像担心所有的泉源和江河会干涸一样。只要我们谨慎地爱护人力和工业，就永远不愁会失去钱币。

不难发现，一切有关贸易平衡的估算都是以极不确切的事实和假想为基础的。无论是海关的账簿，也无论是汇兑率，都不能看作是论证的充分依据；除非我们对各国的情况加以通盘考虑，同时还对豁免税额的比例有某种了解。可以肯定，这是办不到的。所有探讨这个问题的人，总是用事实和估算，并通过列举运往外国的一切商品，来证明自己的理论——不管是什么样的理论，莫不如此。

吉先生(Mr. Gee)的大作曾在英国国内掀起过轩然大波，这些文章通过详细列举，明确昭示：贸易逆差，数额巨大，迨五六年后，国人将不复存一先令。然而幸运的是，一晃二十年过去了，而且在这期间还连年对外用兵；可是如所公认，英国人手里的钱币却比先前任何时期都更多了。

在这方面，再没有比斯威夫特博士[①]的文章更能引人发笑了。

① Dr. Swift，1667—1745 年，英国讽刺作家，《格列佛游记》的作者。——译者

这是一位才思敏捷的作者，善于洞察别人文章里的荒唐谬误。他在《爱尔兰现状之一瞥》中写道：先前这个国家的全部现金只有五十万镑，爱尔兰人每年要从中提出整整一百万镑给英格兰，而且他们几乎没有任何别的来源可以得到补偿，除了付现钱的法国葡萄酒进口外，简直就没有别的对外贸易。这种局面应该说是很不利的，其结果则是：三年之后爱尔兰的现金已从五十万镑下降为不足两镑。到如今，我猜想，又过了三十年，准是绝对等于零了。然而我无法理解，使这位博士如此愤慨的、关于爱尔兰财富发展的这种高见，又怎么能历久不衰，而且还发扬光大。

总之，对贸易逆差的这种忧虑具有这样一种性质：只要一个人在公事上心境不佳或情绪低落，它就出现，涌上心头；同时，由于无法开列一张足以抵消进口的全部出口货物的详尽清单来批驳这种忧虑，本文只提出一个一般性的论点，说明只要我们保持自己的人力和工业，这种事情就不可能发生；这样做也许是较为恰当的。

假设英国全部货币的五分之四在一夜之间消失了，就货币量的情况来看，就同倒退到哈里王朝和爱德华王朝时期一样，那么结果又会怎么样呢？一切劳动和商品的价格不见得不会相应下降吧？各种物品的售价未必不会像在那两个王朝时期一样便宜吧？那时候还有哪个国家能在国外市场上同我们争夺呢？或者胆敢以同样的价格（这种价格会给我们提供足够的利润）来从事海运和销售工业品呢？在这种情况下，弥补我们已失去的那些货币量并赶上所有毗邻国家的水平，准是用不了多久吧？一旦我们达到了这些目标，我们马上就丧失廉价劳动和商品的有利条件，我们的殷实富足使货币的进一步流入停顿下来。

又假设：英国的全部货币在一夜之间增加四倍，难道没有相反的结果接踵而至吗？难道我们的一切劳动和商品不会贵得出奇，让所有邻邦没有哪一个能买得起吗？在另一方面，难道别国的商品相形之下就不会变得那么便宜，以致不管我们制定什么样的法律都无法阻挡这些商品的走私入境，从而使我们的货币外流，直到我们的货币量下降到和别国相等，把那种曾使我们蒙受如此不利的巨大财富优势完全丧失为止——难道准不会这样吗？

现在，问题很清楚，要是这些过分的不均衡现象出人意外地发生，那么，使这些现象得以矫正的因素必然同样地会按事物的正常趋势来防止其发生，必然会在所有毗邻国家里，使货币与每个国家的技艺与工业始终大体相称。江河百川，不管流向何处，总是保持相同的水平。要是去问博物学家这是什么道理，他们就会告诉你：要是在任何一处水位升高，升高处的引力就会失去平衡，必须降低，直到取得平衡为止；同理，矫正已发生的不均衡现象的因素，也一定总是不依靠暴力和外部作用来防止其发生[①]。

能否设想：用人帆船从西印度群岛运回西班牙的全部货币，可以依靠某种法律，甚或凭借一切工业技艺，而统统保存在西班牙本国？或者西班牙人可以按比利牛斯山脉南麓的价格的十分之一，到法国销售其所有商品，既毋需到远处去找出路，又不会使其巨大的财富外流？现在，凡是同西班牙和葡萄牙做生意的国家都大得

① 对于每个同英国做生意的国家来说，还有一个因素，虽然作用比较有限，却可以控制贸易逆差。当我们的进口货物超过出口时，这种交易对我们不利，这就变成一种鼓励出口的新动力，使之同应该支付的货币运输和保管费用相当。因为交易总不可能不略高于成本。

其利，除了货币的积聚只要超过其应有的水平就不可能不流动这一原因外，到底还有没有什么别的原因呢？这些国家的君主已经表明，他们不想把金银都留在自己身边，只求保持适度实用的水平。

但是，正如任何量的水，只要不同其周围的分子交往，就可以高出于周围分子的水平一样，货币只要利用任何物质的或有形的障碍（单靠法律是无效的）来切断交往，在这种情况下，就可能出现货币的异常不均衡。例如，由于中国地处远方，加上我国东印度公司的垄断，构成了交往上的障碍，使得欧洲的金银、尤其是银子的贮存量大大超过了中国。然而，尽管有这种巨大的障碍，上面提到的那些因素的作用仍然是十分明显的。在手工业品和工业品方面，欧洲的技巧和构思一般地说或许要比中国高明，可是迄今为止，在这方面的贸易，我们总是不能不蒙受巨大的不利。要不是我们从美洲获得源源不断的补给，欧洲的货币量就会迅速下降，中国的货币量却会上升，直到两地的贮存量大致拉平为止。任何一个有理智的人都不会怀疑：那勤劳的中国人要是像波兰或北非伊斯兰诸国那样和我们毗邻接近，就会把我们货币的超额部分完全吸引过去，而且也会把西印度群岛宝藏的一大部分汲取过去。为了说明这种作用的必然性，我们不必求助于物质的诱惑力，只要举出人们的兴趣和爱好所产生的那种精神上的吸引力，就足以充分说明问题，这种吸引力既强烈又确凿。

正是由于这一原理的作用，才使货币的分布保持均匀，亦即货币不能超出同各省的劳动和商品的比例而任意增减；否则，每个国家的各个省份之间又如何能保持这种货币的平衡呢？在这个问题

上，难道人们根据漫长的历史经验还不能了然于心：当一个心情忧郁的约克郡人把通过纳税、缴给当寓公的地主的租子以及购买商品等渠道流往伦敦的金额加以估算和扩大，发觉到相形之下这些同他作对的东西是多么卑劣时，他一定是百感交集、悲观失望？如果七国时代[①]在英国继续存在，那么每个国家的立法机构无疑始终会为货币的外流而忧心忡忡；而且这七国由于彼此接壤，看来相互敌视的程度异常激烈，它们出于猜忌和过分的戒心，就会对一切商业加重捐税，实行压迫。既然统一消除了苏格兰和英格兰之间的隔阂障碍，那么在这两个国家中，究竟哪个国家能从这种自由商业中在对方身上捞到好处呢？或者说，如果苏格兰的财富有了任何增加，是否有根据可以说，这种增加绝不是苏格兰的技艺和工业发展的结果呢？这正是在统一之前英格兰所普遍抱有的忧虑，正如杜·波瓦神父在《被误解的英国利益》中所说，一旦贸易开放，苏格兰很快就会把英格兰的宝库搜刮一空；在苏格兰方面却有一种相反的担心；对于这两种顾虑，时间的证明真是天公地道，分毫不爽啊。

在人类的一小部分中所发生的事情，必然在大部分人类中出现。罗马帝国的各省在彼此之间以及同意大利之间，无疑是不受立法机构的制约而保持了这种平衡的；大不列颠的各郡，或每个郡的各个教区，情形亦大抵相仿佛。今天，任何到欧洲去游历的人，都会根据商品的价格看到：尽管君主们和各国政府的戒备提防十

① 指英国史上中世纪早期的七国，即诺森布里亚、墨西亚、东盎格里亚、东撒克斯、南撒克斯、西撒克斯、肯特。——译者

分荒唐可笑，货币还是接近于均衡分布，在这方面，国与国之间的差别，比起一国之内的各省之间的差别.并不太悬殊。人口自然而然地向各个首府、港埠以及通航河流集中。在那些地方，我们会看到人烟辐辏，工业密布，商品充足，因而货币也就多起来了；虽然如此，货币量的差别还是同工业和商品量的差别保持一定的比例，从而使均衡得以维持[①]。

咱们英国对法国所抱的戒惧和敌意是极其深的，应该承认，英国的这种情绪至少是有其充分根据的。这种敌意给通商带来了无数阻碍和刁难，只要咱们总是让人指控为进行侵略的话。可是，这种交道究竟对我们有什么好处呢？我们失去了可以销售我们的毛织品的整个法国市场，转向西班牙和葡萄牙去购买酒类，——这是一种以高价进口劣质饮料的买卖。也有不少英国人认为，要是法国酒在英国廉价倾销，排挤掉一切淡啤酒和国产酒类，则英国就将绝对破产。然而，如果我们摒弃一切偏见，就不难证明：凡事有一弊必有一利。为了给英国提供酒类，在法国每增加一英亩葡萄园，法国人必然要从英国取走一英亩的小麦或大麦以维持自己的生活；这样，我们显然就掌握了主动，可以获得质量较好的商品。

① 必须郑重声明：本文所说的货币的均衡分布，始终是指在一些国家里货币同商品、劳动、工业和技巧之间所保持的相应的均衡。另外，我要强调指出：当这些有利因素较之各毗邻国家两倍、三倍、四倍地增长时，货币亦必然会两倍、三倍、四倍地增长。唯一能够妨碍这种比例的正确性的因素，是把商品从甲地运往乙地的运输费用；这种费用有时是不相等的。正因为如此，德比郡的谷物、牲畜、干酪、黄油不能赚取伦敦的货币，反之，伦敦的工业品也不能赚取德比郡的货币。不过，这种妨碍只是表面现象，因为只要货物运费昂贵，也就说明这两地之间的交通至今也是阻塞和不发达的。

法国国王颁发过不少诏书，三令五申严禁增辟葡萄种植面积，并勒令所有新种植者一律拔毁，这说明法国人充分认识到粮食的价值高于其他一切作物。

梅雷歇尔·伏本(Mareschal Vauban)时常抱怨说，对从朗格多克、吉安纳以及其他南部各省输入布列塔尼及诺曼底的酒类课税实在是荒谬之举，这种说法不无道理。他深信，尽管贸易像他所提倡的那样开放，布列塔尼及诺曼底诸省还是无法保持其贸易平衡。十分明显，对英国的联合海运再增加一些也不会有什么影响，假如有的话，也必定一视同仁地对两国的货物都有影响。

事实上确有两种权宜措施，可以使任何国家的货币超出其自然均衡状态而增减，然而这两种情况，细考起来，正好使我们的一般理论分外昭彰，增添了令人信服的证据。

除了现今盛行于我国的那些银行、基金和有价证券(纸币)组织机构(制度)外，我简直不知道还有什么别的办法可以使货币减少到它的均衡水平以下。这些机构发行钱币的纸质等价物，流通全国，替代金银，相应地提高了劳动和商品的价格；这样一来，或者把一大部分贵金属钱币排挤掉，或者防止了硬币的进一步增加。关于这一点，再没有比我们的这种论证更显而易见了。我们设想，任何个人，假如他的货币贮存量增加一倍的话，就会富裕得多，因此，随之而来的有利结果，就是人人手里的货币都同样地有所增加；至于这会引起一切商品的相应涨价，从而使人人的实际境况最终又下降到同原先一样，这一点姑置勿论。只有在我们同外国人进行政府之间的谈判和交易时，较大的货币储备才是一种有利条件；在这种场合，我们的纸币毫无价值，因此，我们单凭这种储备，而毋需具备任何优势,就能感受到货币充足的全部效力和作用[①]。

假设有一千二百万镑纸币在国内流通(因为我们不必设想我们庞大的现款都采取这种形式),又假设国内的硬通货为一千八百万镑,这样,就可以把国内的基金储备估计为三千万镑。我以为,如果纸币能够保持有效,那它必定有金银可供兑现,只要我们不因这种纸币的新发明而阻碍金银入口的话。这宗金银是如何获得的呢?答曰:从世界各国。试问为什么是这样呢?因为,如果你把这个一千二百万镑抽掉,那么国内的货币,同我们的邻国相比,就低于其均衡水平;我们就必须立即从所有的邻国吸收货币,直到充分饱和,换句话说,直到无法保持再多为止。按照我国的现行政治,我们是在小心翼翼地用银行汇票和花花绿绿的钞票这类商品来填喂国家和人民,仿佛害怕贵金属是一种不堪负荷的累赘似的。

毫无疑问,法国之所以存有大量金条和银锭,在很大程度上不能不是为了维持纸币信用的需要。法国人不开设银行钱庄,因为在法国,商人的期票并不像在我国那样可以流通;高利贷,或放利生息,是不公开允许的;所以不少人在自己的保险柜里存放着大量现款,家家户户大量使用着金银餐具,所有的教堂更尽是金银器皿。正因为如此,法国的粮食和劳动,较之那些金银存量不及法国一半的国家,依然保持着比较低廉的价格。就贸易以及国家一旦发生紧急情况而论,这种局面的好处是一目了然,不言自明的。

---

① 在《论货币》中已经谈及:在货币增加同物价上涨的中间阶段,货币的增加可以刺激工业。有价证券(纸币)也同样可以产生这种有利影响;不过,率尔操觚,滥发纸币是危险的,有信用失败而丧失一切的风险,这种情形在社会发生剧烈动荡时是屡见不鲜的。

用中国瓷器来代替金银餐具，几年以前曾在热那亚风行一时，这种风气至今仍在英国和荷兰流行；然而，上议院预见到其后果，乃明令禁止，不准这种易碎器皿的使用超出某种范围，至于银质餐具的使用则不受限制。我以为，人们在日后的穷困之际，就会发现这一法令的好处。从这一角度出发，我们对金银餐具的课税，或许未免有点失策。

我们的各殖民地，在使用纸币以前，有充足的金银供流通。自从使用纸币以后，随之而来的起码不便就是金银币的全部废除。在这些殖民地拥有在商业上唯一有价值的东西——工业品和商品以后，只因为人们向往硬币，难道硬币就不会随着纸币的取缔而卷土重来吗？

当年莱克尔加斯[①]想在斯巴达取缔金银而没有想到纸币，真是遗憾！纸币要比他用作货币的铁块更适合于实现他的意图，而且还能更有效地阻止同外国人的一切通商活动，因为纸币本身根本就很少有真正的内在价值。

然而，必须承认，由于贸易和货币方面的这一切具体问题都是极端复杂的，所以也存在某些情况使得这个课题可以成立，以至于纸币和银行之利显得大于其弊。取缔硬币和金银在国内流通无疑是正确的，凡是目光短浅只看到眼前的人，当然会反对这种做法；不过，金银和硬币倒是无足轻重的，重要的是不准从工业和信贷的发展中提取补偿，也不准其发展过头失去平衡，这样，就能通过正

① 莱克尔加斯（Lycurgus），公元前九世纪之斯巴达政治家，为斯巴达立法者。——译者

确使用纸币促进它们的发展。有时，要是期票能够贴现的话对商人是多么有利，这种情况是人所熟知的，因为凡是便利硬币流动的事情都对一个国家的普通商业有利。但私营的银号钱庄可以它们所收存的存款为担保开出这种期票，而英格兰银行同样地根据它所拥有的特许权，发行钞票作为支付物。好些年前，爱丁堡银行就已经实现过这项发明创造。这种发明一直是商业上使用的一项极其巧妙灵活的创见，所以苏格兰也一向认为它是大有好处的。于是这就被称为**银行信贷**，其性质是这样的：我们假设有一个人到银行去具保开户一千镑的往来，这笔钱，或其中的任何部分，他有权随意提取，当他使用这钱时只付普通的利息；他可以随意偿还任何一笔微小的数目，比如说二十镑吧，那么自偿还之日起，这部分贷款的利息就予免除。这种发明所产生的好处是多方面的。既然一个人的具保开户往来可以接近其全部财产，他的银行期票就等于现款，这样，商人在一定程度上就可把房产家具，堆栈里的货物，放在国外的欠账以及海上的船舶，都变为现款，有时还可以把它们作为支付物，好像这些东西就是这个国家流通的现金似的。假如一个人从私人手里借一千镑（除了应急一般是不大发生的），那么不问他是否使用，他都得付利息。至于银行信贷，只有他动用时才需付利息，这情形就像他以极低的利息借钱一样有利。同样地，商人从这一发明中获得了极大的方便，用以维护彼此的信用，也是避免破产的相当有力的保障。如果一个人自己的银行信贷用光了，可以去向没有用光的诸亲好友乞援；借到钱之后，可以在他方便的时候归还。

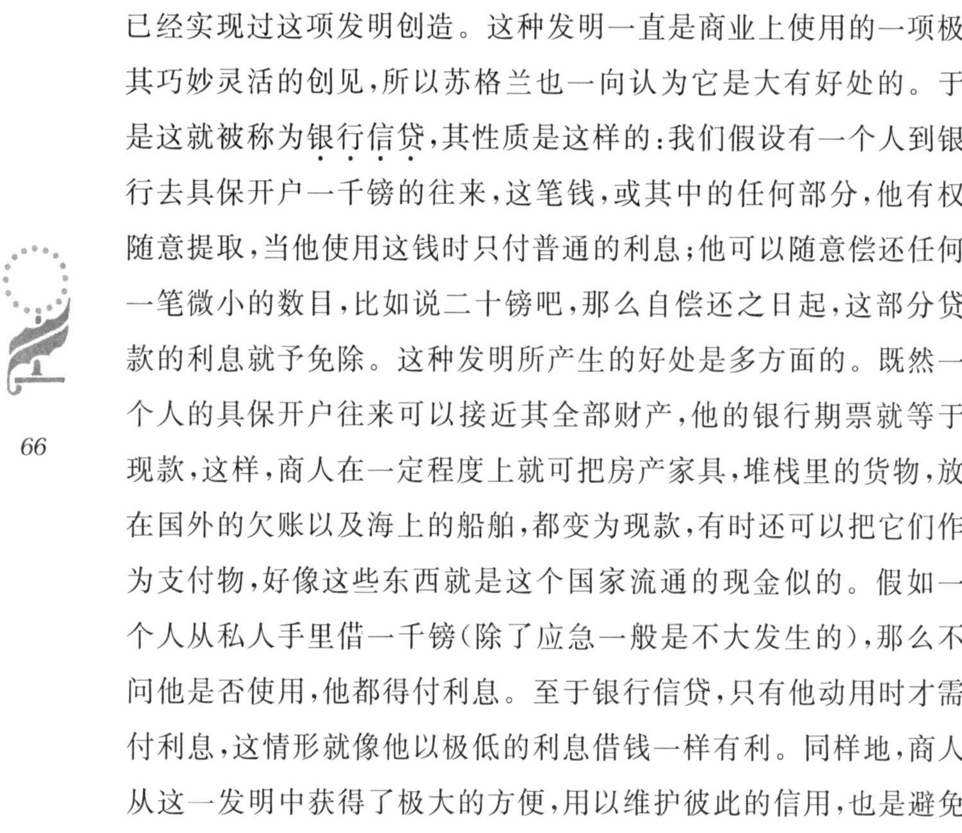

当这一实践若干年前首先在爱丁堡出现以后，格拉斯哥的好

几家商人公司又把它向前推进了一步。他们组织了几家银行，发行了十先令的小额钞票，用以支付各种货物、制造品以及手艺人的劳动；这些钞票，随着这些公司的信誉的确立而流传全国，用作支付货币。依靠这个办法，五千镑的本钱就能起到六七千镑的作用，从而使商人得以扩大经营，薄利多销。然而不论这种发明还有什么别的好处，还得承认，这种发明在为信贷提供了极大的、然而也有风险的便利的同时，排挤掉了贵金属；在这一点上，苏格兰的今昔情况对比，是一种最清楚不过的例证。在统一后的硬币回炉重铸时，人们发现苏格兰的硬币约有一百万枚：尽管财富、商业以及各种制造业有了巨大的发展，人们还是认为，就是没有英格兰的刻意搜刮，其现今流通的硬币数肯定不足当初的三分之一。

不过既然我们对发行纸币的设想几乎只是一种权宜措施，其目的在于把货币量压缩到均衡水准以下，那么，我以为，那种把大量现款集中到某个社会金库里，锁起来绝对不准流通的做法，乃是一种十分有害的权宜措施，它会使货币量积聚到高出均衡水准以上，这种毁灭性做法，我们必须竭力加以反对。利用这种手段，与周围环境不相往来的流动资金可以积聚到任意的高度。要证明这一点，我们只需回到第一个假设上来，即把我们的现金消灭一半或任意一部分；那时我们就会发现：这种做法的直接后果是立竿见影地从所有邻国吸收与之相当的现金。看来这种囤积现金的做法必然不受任何限制的约束。像日内瓦这样一个小城市，如果长期奉行这种政策，就有可能把全欧洲货币的十分之九吸引集中到那里去。在人类的天性中似乎真有一种不可战胜的本能来阻止这种财富的巨大积聚。一个拥有无数财宝的弱国，很快就会成为某些比较贫困然而较为强大的邻邦的掠夺对象。一个大国会把自己的财富消耗于凶险而又不得人心的图谋方面，而且很可能因此而毁灭一切更有价值的东西——工业、道德乃至本国人口。在这种情况下，流动资金积聚到无以复加的程度，以致把盛钱的容器都胀破毁坏了；于是这些钱同周围环境发生混合，迅速下落到应有的均衡水准。

对于这一原理，我们一般简直就不了解，以致尽管所有的历史学家在叙述一个最近的史实时口径是如此一致，即哈里七世所积聚的大量财富高达二百七十万镑，我们还是矢口否认史学家们众口一词的证据，而宁愿承认一个极不可信地迎合我们根深蒂固的偏见的事实。实际上，这笔现款很可能相当于英国全部货币的四分之三。可是，对于一个狡诈贪婪、视钱如命、专制独裁的君主在二十年之间积聚起这么大一笔财产，又有什么难以设想之处呢？它也不可能使人们明显地觉察到在流通中的货币的减少，或者让人们蒙受某种不利。因为一切商品的跌价就会立即给予补偿，而且还为英国在同邻国通商时提供有利条件。

在历史上不是有一个小小的雅典城邦共和国的实例吗？雅典及其同盟各国不是在（希腊）中部及伯罗奔尼撒之间进行一场历时几达五十年之久的战争，而积聚了一笔不亚于哈里七世的财产的巨款吗？所有的希腊历史家（修昔底德卷二及狄·西卡拉卷十二）和演说家（埃斯基奈斯和德谟斯梯尼书信）都说，雅典人在这场轻率鲁莽的冒险勾当中，在城堡里搜集了一万以上的塔兰特[①]，后

① 塔兰特（talent），古希腊货币单位。——译者

来，这笔钱财随着雅典的覆灭也就消散了。假如当初让这笔钱周转流动，同周围的流动资金有来往，结果又会怎么样呢？是否还会留在雅典呢？不会。因为根据德谟斯梯尼（Περι Σμμεριαζ）和波里比乌斯（卷二第六十二节）所提到的令人难忘的统计数字，我们发现，大约五十年后，整个雅典城邦，包括土地、房产、货物、奴隶及货币在内，其全部价值不足六千塔兰特。

遥想当年，雅典人攻城略地，搜刮积聚了一笔巨款，保存在国库里，该是何等趾高气扬，不可一世啊！因为雅典平民天天大权在握，投票表决，只是一举手之劳，便可坐地分赃，使每个人的财产凭空翻上两番！我们必须看到：根据古代作者的记载，雅典的人口和财产，在伯罗奔尼撒战争开始时，并不比在马其顿战争开始时为多。

在菲利普和珀修斯时代，希腊的货币略多于英国哈里七世时代的货币，但是这两个希腊君主在三十年间（见李维卷四十五第四十节）从小小的马其顿王国所搜刮的财宝，超过了那个英国君主。保勒斯·伊米留斯（Paulus Æmilius）带回罗马的钱大约有一百七十万英镑（见凡列乌斯·柏特尔库罗斯卷一第九节）。据普林尼说，则是二百四十万英镑（卷三十三第三节）。而这只不过是马其顿金银财宝的一部分，其余的部分因珀修斯的抵抗和逃跑而散失了（见李维卷四十五第四十节）。

根据斯坦尼恩（Stanian）的记载，我们可以了解到：在伯尔尼州放贷生息的钱有三十万镑之多，相当于瑞士国库的六倍。至于当时囤积起来的现金则达一百八十万英镑，起码相当于在那个小国家里自然流通的货币的四倍；按常理推测，在这样一个土壤贫瘠、情况欠佳的弹丸小邦，必然货币奇缺，然而，凡是到 Pais de Vaux 或该州任何地方去游历的人，都没有看到想象中的货币奇缺的现象。相反，在法国和德国本土上却很少见到有这样的内地省份，那里的居民如今也是那么富裕；可是伯尔尼州从1714年，即斯坦尼恩对瑞士作了颇具识见的描述之时以来，它的金银财宝已经极大地增加了。①

阿庇安(Appian)②在《引言》中将托勒密迈伊(Ptolemies)的宝藏描写得天花乱坠，妙不可言，简直令人难以置信；其所以不可信，是因为这位历史家说，亚历山大大帝的继任者们也都崇尚节俭，而如果他们多数人的财宝是毫不逊色的话，那就更不可信了。这，若不是附近诸侯的想入非非，准是根据先前所述的理论，对这些埃及君主们的节俭作过调查核实。他所提到的数目为七十四万塔兰特，根据亚布斯诺特博士的计算，折合一亿九千一百一十六万六千六百六十六镑又十三先令四便士。然而阿庇安声称，他的材料均引自历史档案，他本人又是亚历山大里亚人。

根据这些原理，我们就能懂得，为什么所有的欧洲国家，都像英国一样，在贸易方面竞相设置那无数的障碍和关税；那是出于一种大量积聚货币的无底欲望，因为货币一流通，就绝不能超出它的均衡水准而大量积聚；或者出于一种杞忧，唯恐丧失自己的货币，

① 斯坦尼恩所谈及的贫困，只是在那些境内多山的州里可以见到，那种地方无货物可以换回货币。然而就是那里的居民，其贫困程度也只和毗邻的萨尔茨堡人或萨瓦人差不多。

② 古罗马历史家，公元二世纪下半叶出生于亚历山大里亚，著有按地域或人种原则来叙述历史事件的罗马史，其主要内容为罗马的历次战争，关于“内战”的叙述，是现存最重要的部分。——译者

其实，它绝不会低于均衡水准。要是有什么东西会使我们的财富分散，那将是一种人为的大失策。这种倒行逆施所造成的普遍恶果，使得邻国之间丧失了自由往来和交换之利，实在有违造物主的本意，当初造物主赋予各民族以不同的土地、气候和才能，正是为了人们的这种交往哩。

我们的现行政治接受了废除硬币的唯一方法——使用纸币，拒绝了那积聚货币的唯一方法——大量囤积，同时采纳了五花八门的发明设计；所有这一切归根结底只会阻碍工业的发展，使我们自己以及我们的邻邦都失掉在技艺和自然方面的共同利益。

不过，除了上面所提到的那些出于戒备的做法以外，不能把对外国商品征收的各种关税一律看作偏见或无用之举。比方说，对德国亚麻织物征收关税，就能鼓励本国制造商，使从业人员和工业成倍地增加。对白兰地征收关税，就能增加朗姆酒的销路，对我国的南部殖民地是一种支持。由于征收关税必须依靠政府的支持，不妨认为，把关税加在外国商品上是比较方便的，在港口码头上是极容易拦截外国商品进行强制征课的。不过，我们应当时刻牢记斯威夫特的警句：海关上的算术，二加二不等于四，而往往等于一。假如酒类进口税降低三分之二，政府的收入无疑要比现在多得多，而我国人民也就普遍地都能喝上比较有益于健康的好酒，对于我们老是为之提心吊胆的贸易平衡问题，也就不会产生什么偏见了。这样，超出本国农业能力制造淡啤酒也就不值得大惊小怪，让少数人去经营就是了。酒类和谷物的运输也就不是一个十分次要的问题了。

你会说：有的国家先前繁荣富庶，如今却衰落贫困，不是常有

这样的实例吗？这些国家原来拥有大量的货币，现在不是都流失了吗？我的答复是：如果这些国家失去了贸易、工业和人民，就不能指望保持其金银，因为这些贵金属总是要同前面这些有利条件保持一定的比例。里斯本和阿姆斯特丹从威尼斯和热那亚手里夺取了东印度贸易之后，也就取得了这种贸易所产生的利润和货币。只要政治中心有变动，只要在远方还维持着开支浩大的军队，只要巨额的资金还掌握在外国人手里，这些因素自然会造成硬币的减少。我们注意到，这都是些巧取豪夺的粗暴办法，生把硬币给运走了，一般说来，最终会伴随发生人口和工业的转移。不过即使这些情况依然如故，货币的外流却不会继续下去，它总要通过各种各样的渠道设法回流。对于这种现象，我们不太理解，却又无可怀疑。自从革命以来，在漫长的三年时间里，有多少国家在佛兰德[①]耗费了多少金银财宝啊！那笔钱说不定要超过目前全欧洲所有的一半哩。如今那笔钱又怎么样了呢？是否还存在于这些奥地利省份的狭小范围内呢？肯定不会，因此它大部分已经回到它原先所在的那几个国家去了，又去追随早先产生它的那种技艺和工业了。一千多年来，一直有一股公开而明显的潮流，使欧洲的货币流向罗马，可是这些钱又通过许多隐秘而看不见的渠道从罗马流走：由于缺乏工商业，罗马教皇领地如今已成为全意大利最穷的地方。

总之，一个国家的政府有充分的理由爱护其人民，保护其工业。那么它就用不着为货币而担惊受怕，人类事务的发展过程已

① 佛兰德(Flanders)，欧洲中世纪伯爵领地，包括现在比利时的东佛兰德省和西佛兰德省以及法国北部部分地区。——译者

经作出了可以信赖的证明。换言之，一个政府如果真想关心后者，它只要爱护前者就够了。

论贸易的猜忌

在商业国家之间广泛流行着互相猜忌的心理，只要把一种没有根据的猜忌消除掉，就能正确无误地看出另一种猜忌也是毫无来由的。在那些商业上有所进展的国家之间，最常见的现象是：对别国的进步心存疑惧，把所有的贸易国家都看作是自己的对手，总认为别国的繁荣昌盛必然会使本国蒙受不利。与这种充满敌意的狭隘观点相反，我敢断言，一般地说，任何一个国家的商业发展和财富增长，非但无损于、而且有助于所有邻国的商业发展和财富增长；再说，要是所有的邻邦都处于愚昧、懒惰和原始状态，那么一个国家的工商业也就行而不远，无从发展了。

别国的繁荣鼎盛，显然不可能损害某个国家的本国工业，而商业这一部门，对于任何向外发展的国家，无疑是最重要的部门；就此而论，我们心存猜忌的种种理由都站不住脚，烟消云散了。我还要进一步说明：只要国与国之间的公开往来得以保持，每个国家的本国工业就一定能从别国的改进中获得发展。试将英国今天的情况同二百年前作一比较，就可明了。二百年前，英国的农业和制造业的技艺都极其粗糙和不完善。从那时以来我们所作出的每一项改进，都是仿效国外的结果；对于外国在发展工艺技巧方面的早期成就，直到今天我们也是应该感到庆幸的。这种对我们有利的交流今天仍然受到鼓励，因为，尽管我们的制造业处于领先地位，但在各种技艺方面，我们仍无时无刻不在采纳邻国的发明和革新。最初，商品是从国外输入的，当我们想到这会使我们的货币外流时，我们是很不满意的；后来，技艺本身逐渐输入，这显然对我们有利；可我们还是不满意：咱们的邻国可能还掌握着别的技艺、工业和发明呀。殊不知，要不是当初它们的传授，我们可能到今天还处于原始状态；要不是它们继续不断地传播，技艺必然处于沉睡状态，也就不会有那种大大地促进了它们自身进步的仿效和创新。

国内工业的发展为对外贸易奠定了基础。当国内市场堆积着大批精致的商品时，总会有一部分商品可以出口牟利。但是假如我们的邻国一无工业二无农业，就无法接受这些商品，因为它们拿不出什么东西来进行交换。在这个问题上，国家之间的关系也像个人之间一样。如果所有的同胞都懒惰成性，那么任何个人也就不可能是勤劳的。不论我以什么为业，社会的若干成员的财富可以有助于增加我的财富；他们消费我所生产的东西，而以他们所生产的东西给我作为交换。

任何国家也不必担心，它的邻国的一切技艺和工业会改进得那么精良，以致对他国无所需求了。造化赋予不同的国家以不同的才能、气候和土壤，从而为各国的交流通商提供了稳固的基础，只要各国始终保持勤劳和文明。而且，一个国家的技艺愈发展，它对勤劳邻国的需求就愈大。人们在变得富足和熟练之后，总向往获得一切尽善尽美的商品；由于拥有大量的商品可用于交换，他们就大量进口一切外国商品。这样固然刺激了出口国家的工业，可是进口国家本身的工业，也由于售出货物作为交换而得到发展。

一个国家如果有某种主要商品，如像英国的毛织品，情况又如何呢？难道邻国的毛织品同我们争夺市场不会使我们蒙受损失吗？我的答复是：既然一种商品被称为某个国家的主要产品，那么这个国家在生产这种商品方面一定具备某种得天独厚的有利条件；如果这个国家虽有这些有利条件而在制造这种商品方面仍然失败，那只能埋怨自己的懒惰或经营不善，而不应归咎于邻国的工业。同时必须承认，由于邻国工业的发展，各种商品的消费量也会增加；虽然市场上有外国制造品的争夺，对这种产品的需求依然不变，甚或增加。假如需求减少，其后果是否应看作是十分致命的呢？只要工业的元气未丧，从一个部门转向另一个部门是毫不费力的，例如，毛织品制造商可以转而生产亚麻、丝绸、铁等有需求的商品。我们不必担心工业的资源会枯竭，也无须忧虑我们的制造工匠因和邻国的工匠仍然处于同等水平而有失业之虞。各国之间你追我赶的竞争，反倒会使各自的工业蓬勃发展；一个国家的工业色色具备，要比只从事单一品种生产更为适宜，局势将比较稳定，对商业的各个具体部门经常经历的各种动荡变革不那么敏感。

只有一个商业国家可能会对邻国的改进及其工业忧心忡忡，这个国家就是荷兰。因为它既没有多少土地，也没有大宗的国产商品，它的繁荣完全依靠给别国当经纪人、代理商以及运输业。荷兰人的忧虑是理所当然的，一旦别国明白过来而追求自己的利益，就会把贸易业务从代理商手中收回而亲自经营，这样一来，荷兰就会失去原来的中间人之利。这种后果固然可怕，然而这要在很长时期以后才发生；凭借其技艺和工业，即使不能完全避免，也可苟安一时，在几代人的时期内不会发生。存货充足，联系广泛，这种巨大的优势是难以一下子推翻的，同时，由于一切贸易都因邻国工业的发展而买卖兴隆，即使商业基础如上述那样不稳固的国家，在初期也能从邻国的繁荣中大获其利。在政治事务方面，荷兰人即使把其全部收益作抵押，也不能像先前那样声势显赫，然而在商业方面，荷兰人的地位无疑还同上个世纪中期的情况一样，当时荷兰是公认的欧洲列强之一。

如果我们的狭隘有害的政策居然获得成功，我们就势必要把我们所有的邻国都倒退到目前在摩洛哥及北非诸国所存在的那种懒惰和蒙昧状态。那时结果又将如何呢？那些国家就无法向我们提供商品，也不能接受我们的商品，我们本国的商业就会因没有竞争、榜样和指导而萎缩衰落，不久，我们自己也同样会落到当初由我们造成的、邻国的悲惨境地。因此，我直言不讳地承认：不但作为人类的一员，我要为德国、西班牙、意大利甚至法国的商业繁荣而祈祷，而且作为一个英国国民，我也要为它们祈祷。至少，我深信：如果英国和所有这些国家的君主和大臣们采取这种高瞻远瞩的仁慈观点和睦相处，英国和所有这些国家就会更加繁荣昌盛。

论 赋 税

在一些论者中流行着这样一条准则：每增添一种捐税会使国民产生一种新的能力来承担，随着社会负担的每一次增加，人民的吃苦耐劳精神也会相应增长。这条准则往往容易被人恣意滥用；正因为其真实性不容完全否定，也就更加具有危险性；然而必须承认：如果局限在一定范围之内，则无论从道理上以及经验上，都有所根据。

如果对黎民百姓的消费品征收捐税，其必然后果看来不外乎二条：穷人不是节衣缩食，便是提高工资，以使课税负担完全转嫁到富豪头上。但是，紧随着赋说而来的往往还有第三种后果，即：穷人提高其生产积极性，完成更多的工作，以保持原先的生活水平，别无奢求。要是赋税适中，负担均衡，不影响生活必需品，上述后果必然出现；可以肯定，这类困难常常可以刺激人们的生产劲头，使他们比那些具备极大有利条件的人更富裕更勤劳。可以看到类似的实例：大多数商业国并不总是具备幅员辽阔的肥土沃壤，相反地，它们一直是在种种不利的自然条件下惨淡经营。推罗(Tyre)、雅典、迦太基、罗德斯(Rhodes)、热那亚、威尼斯、荷兰等都是这方面的有力例证。在全部历史进程中，地大物博的国家拥有大量贸易的实例只有三个，这就是：尼日兰、英国和法国。尼日兰和英国似乎一直致力于发展自己的海上优势，认为只有经常出入外国港埠才能获得本国的自然条件所不能出产的货物。至于法国，贸易发展很晚，看来像是一个机灵而又有事业心的民族，注意到了航海及商业发达的邻国发了财，经过思索和观察，才决计效法的。

西塞罗（在《雅典书信集》卷九第十一节中）所谈到的当时商业最发达的地方有亚历山大里亚、科尔乔、推罗、西顿、安德罗斯、塞浦路斯、潘菲利亚、利西亚、罗德斯、奇奥斯、比扎铁姆、莱斯博斯、士麦拿、米莱特姆以及库斯。所有这些地方都是些小地方或小岛，只有亚历山大里亚例外，这个城市之所以贸易发达，完全是由于其地理位置适中。

既然贫瘠的或不利的自然条件可以被认为有利于促进劳动积极性，那么为什么人为的负担就不可以有同样的作用呢？我们可以看到，威廉·谭普尔爵士[①]把荷兰人的勤劳完全归因于他们的不利自然条件的逼迫，为了阐述这一论点，他把荷兰的情况同爱尔兰作了鲜明的对照。"在爱尔兰"，他写道，"由于地广人稀，一切生活必需品十分便宜，一个勤劳的人只要干两天活，挣的钱就足以维持一个星期的生活。这种得天独厚的有利条件，我以为正是爱尔兰人所以懒散的一目了然的根由。须知好逸恶劳是人的天性，如果优哉游哉就可聊以卒岁，人们是绝不肯出力流汗的；但是，要是人们由于生活的逼迫一旦养成了勤劳的习惯，勤劳也就成了一种有益于人们健康的生活乐趣，因而不可须臾离了。使人们好劳恶

① 尼日兰见闻录，第六章。

逸，这种改变也许并不比好逸恶劳更困难。”此后，为了进一步论证自己的观点，作者列举了上面提到的那些古今商业十分繁荣的地区，如所公认，那些地方都是蕞尔小邦，因而促使人们必需勤劳。

捐税以加在消费品，尤其是奢侈品上最为适宜，因为这种捐税最不易为人们所觉察。在某种意义上说，人们交纳这类捐税是自愿的；因为一个人在使用上税的商品时可以量力而行有所选择，捐税就在无形中一点一滴地被交纳了；捐税如果征收得当，自然可以使人克制物欲崇尚节俭；而且，捐税混在商品的自然价格之中，根本不为消费者所觉察。唯一的弊病就在于收税过高。

财产税的征收并不算高，不过另有其他的弊病。多数国家为了弥补税收之不足，不得不乞助于征课财产税。

捐税如果变成横征暴敛，最为有害。一旦出现，势必成为对劳动积极性的惩罚，而且，由于不可避免的征课不均，比真正的税收负担更令人难以忍受。要是在任何文明国家出现这种现象，实在是大出意外的。

一般地说，人头税是一种横征暴敛，即便不苛刻，也总被认为是危险的，因为君主极容易一点一点地增加人头税，以满足其所需求的金额，结果就会使这种税完全变成一种不堪负担的压榨。另一方面，对商品征税本身有个限度，君主很快就会发觉，多事征课并不能增加他的收入。因此，一国的老百姓不致被这类税收弄得倾家荡产。

历史学家们告诉我们，罗马国家覆灭的一个主要原因是君士坦丁在财政上所实行的变革，即以普遍的人头税来几乎完全取代原先构成帝国岁入的各种什一税、关税和货物税。各省的人民受尽了收税人的压榨，宁肯躲避在野蛮民族武装征服的卵翼下；他们认为，野蛮民族需索较少，虽说异族统治，还是比罗马人过分苛刻的暴政为好。

某些政论作者热烈鼓吹一种论点：既然各种税收，不论怎样巧立名目，归根结底要落在农产品上，那么不如取消对消费品的各种捐税，而直接对农产品收税。当然，各种捐税最终要落在农产品上，这是不容否认的事实。假如对一位工匠所消费的商品课税，那么这位工匠显然有两种办法交纳这种税金：一、节衣缩食；二、增加劳动。这两种开源节流的办法，同提高工匠工资的办法相比，是较便可行、十分自然的。我们看到，在五谷歉收的荒年，纺织工匠不是少花钱多干活，就是节约与勤劳兼而行之，这样，他就能度过这一年。如果真正为了给他提供保护的政府而要他承受同样的艰苦，那也是完全应该的。他用什么办法才能提高其劳动的价格呢？雇用他的制造商是不会也不可能额外多给他钱的，因为做布匹出口生意的商人，受国外市场上布匹价格的限制，不可能提高布匹的价格。诚然，人人都想把捐税负担转嫁到别人身上；可是由于人人都有这种意图，各自提防，就不能设想有哪一群人可以在这场竞争中完全取胜。既然如此，为什么地主就该成为这全部竞争的牺牲品，而不能像其他人那样有效地自卫呢？这在我实在是百思不得其解。对于地主，商人们倒确实很想设伏捕猎，分而食之，如果他们能够的话；不过商人们的这种心机，即使不收捐税，也是始终存在的；而地主，也可以如法炮制，来抵御商人们的转嫁负担，最终使商人们和他共同承担这种捐税。如果工匠不能以更加勤勉和节俭而又不提高劳动价格的方法，来交纳消费税，那么它们实际上应该

说是很重的，是很不合理的。

在结束本章之际，我要提出如下看法：关于赋税，有一种在各种政治制度中一再出现的实例，即事物发展的结果与人们最初的预料是截然相反的。土耳其政府有一条公认的根本准则：圣上(the Grand Signior)虽然是每个人的生命财产的绝对主宰，却无权征课新的捐税，要是有哪个土耳其君主试图这样做，他或者被迫收回成命，或者，如果他固执己见，一意孤行，就会发生致命的后果。你会以为这种成见或根深蒂固的观念该是世界上防止压迫的最坚强的屏障了吧，然而事实上其结果恰恰相反。皇帝由于在增加自己收入方面没有一定之规，必然允许所有的文武封疆大吏压迫欺凌黎民百姓，然后他再在这些大员身上榨取朝贡。反之，要是土耳其皇帝能够像咱们欧洲的君主们那样颁布征课新的捐税，那么他的利益现在就会同人民的利益结合在一起，他就会一眼看透这种横征暴敛、恣意搜刮的恶劣后果；他也会发现，实行普遍征税的办法所收集到的一个英镑要比不平等地胡乱摊派所搞的一个先令为害要轻。

论社会信用

太平时期积谷存粮，聚宝理财，以备征战防御之需，不搞苛捐杂税，更不指望在动荡不安时期大发横财，这种未雨绸缪的做法看来早就古已有之。除了前面《论贸易的猜忌》一章所提到的雅典人、托勒密迈伊以及亚历山大的其他继承者们所积聚的巨额钱币外，根据柏拉图(《阿克拜第篇》)的记述可知，节俭的拉斯台蒙尼人也积攒了大宗财宝；亚利安(见卷三)和普鲁塔克[①]都没有注意到亚历山大在占领索萨和伊克巴塔那时期所掳获的大量财物，其中有一部分是从居鲁士时代流传下来的。如果我没有记错的话，《圣经》里也谈到过海席基阿和犹太君主们的财宝，就像世俗的历史谈论马其顿的国君菲利普和潘修斯一样。古代高卢人的城邦也都储存大量钱财(见斯特拉波，卷四)。恺撒在历次国内战乱中所攫取的财宝是人所共知的，此后，我们也看到一些比较英明的皇帝，如奥古斯都、提比略、韦伯芗、塞维鲁等，总是高瞻远瞩，防患未然，储存大量帑币以备国家紧急之需。

与此相反，我们现在一般流行的做法是把社会收入抵押出去，

① 见普鲁塔克著《亚历山大传》。据他估计，这些财宝相当于八万塔仑特，约等于一百五十万英镑。奥宁图·寇蒂乌在卷五第二节中写道，亚历山大在索萨一地就搞到五万多塔仑特。

相信“父债子还”，后代的人会替前人清偿债务；因为人们眼前就摆着精明的朋友及老一代的先例，也就效法前人，盘算着把还债的希望寄托在下一代身上，这下一代人，出于无奈，最后也只好把希望寄托在再下一代身上。但是对于一种无可争辩地是毁灭性的做法，无须浪费时间大声疾呼地加以反对；十分明显，在这个问题上，古代的准则倒要比现代更高明；即使现代的准则是局限在某种合乎情理的范围之内，而且在任何情况下总是伴随出现节衣缩食的现象，这种和平时期的节约，目的在于清偿在一场耗费浩大的战争中所欠下的债务。为什么在社会与个人之间，其情况有这么大的差别，使我们要对这两者分别确立不同的行为准则？如果社会的财富较多，则其必要支出亦相应较大；如果社会的财源更加丰富，则支出不受限制；由于一种社会结构应该有一种比较长期的打算，也就是说要有一个比人的一生甚或家族的一代更为长远的打算，所以社会就应该采纳广泛、持久而且高尚的准则，这种准则必须在这种社会存在的全部期间都是适用的。诚然，碰运气，随机应变，往往是人类事务中难以完全避免的必要手段；不过，谁要是有意识地耍弄这种小聪明，一旦大祸临头，不必怨天尤人，只能埋怨自己愚蠢。

如果说，一个国家自恃富足，或贸然启衅，或武备不修，这样地滥用国帑是很危险的，那么，任意把国家财富作抵押的做法，就必然更加肯定地会招致贫穷虚弱，落到向外国屈膝称臣的境地。

按照现代的政策，战争会带来各种破坏：人员的损失，捐税的增加，商业的衰败，钱币的减少，以及来自海上和陆上的劫掠蹂躏。按照古代的准则，战争所产生的破坏就是打开国库，因为这样做既可弄到极其大量的金银，作为鼓励士气的权宜手段，又可多少弥补医治必然造成的战争创伤。

一个大臣最感兴趣的就是：采取什么办法，既可使自己在秉政期间官声显赫，又不过分加重百姓的赋税负担，也不招致朝野的抨击反对。因此，恣意举债几乎是每个政府必然的做法。要是让一个政治家有权以这种方式，指后代为凭滥出借据，这种做法的不明智，犹如允许一个败家浪子在伦敦每家银号钱庄开户往来一样。

一方面，不受需要约束的政府抵押权是自行有利的；另一方面，任何国家，即使不受外敌的逼迫，也总是不能采取一种比较明智的措施促进商业增加财富，而是无限制地筹款，借债，征税。那么，对于这一新的自相矛盾现象，我们又该如何评价呢？要不是我们看到这类荒谬的准则受到大臣们以及我们当中整整一部分人的赞助，这类高论，本来可以被认为无非是雄辩家们各显神通，对愚蠢和热昏，对布西里(Busiris)和尼禄大加颂扬的口才表演罢了。

让我们从内政，从对商业、工业和对外贸易的影响，以及对战争与交涉的影响等方面，来考察政府举债的种种后果。

在我国，公债券已经变成一种货币，就像金银一样，按牌价作现金流通。任何有利可图的事业一出现，不论费用怎么昂贵，乐于接受的总是大有人在；一个商人只要拥有大量公债券，就可有恃无恐，放开胆子做大生意，因为他拥有可以应付任何突如其来的急需的资金。没有哪个商人认为有必要在手头保存大量现金。银行股票或印度债券，尤其是后者，都可起同样的作用，因为商人可以在一刻钟之内就把它们卖掉或抵押给银行家；同时，这种证券并非闲置，就是放在商人的柜橱里，也会给他带来固定的收入。总之，我们的公债哺育了商人，它是掌握在商人手中的一种特殊货币，可以不断增殖，使商人在商业利润之外得到稳定的收益。这就必然使他们在做生意时可以采取薄利方针。这种薄利方针使商品售价低廉，消费增加，刺激老百姓的劳动热情，有助于把工业和技艺传播到全社会。

在英国以及一切既有商业又有公债的国家里可以看到，还有这样一批人，他们半是商人，半是公债券持有者，不妨认为他们是乐意做薄利生意的，因为商业并非他们的主要的或全部的生活来源，他们的存款收入才是他们以及他们的家庭的稳定的生活来源。要是不办存款，大商人除了购置田产，再没有其他办法可以使自己的任何一部分利润得以实现或有所保障；可是田产较之存款有好多不利之处。经营田产要求付予更多的关心和监督，这就会分散商人的时间和精力，使商人不能专心考虑那些吸引人的买卖或处理交易上的非常情况；把田产折变为现款也不那么容易；而且田产一方面提供了种种天然娱乐，另一方面又造成独霸一方的尊严，使人迷恋沉醉，这样，原来的市民很快就会变成乡绅。不难设想，只要有社会债务，拥有证券和收入的人，多半还是继续经商；应该承认，降低利润，促进流通，刺激工业，这对商业是有利的。

然而在这两种有利情况的反面，我们的社会债务还有好多也许是无足轻重的不利方面，要是就整个国内经济来加以权衡，就会发现，社会债务所产生的利弊得失是无法进行比较的。

I. 国债当然会对首都的人口财富有重大影响，因为支付利息得从各省抽取大量的钱，另外，也许还由于上述的贸易之利，首都商人的受惠要大于国内其他地方的商人。问题就在于：就我国的情形而论，把那么多的特权授予伦敦一地——伦敦已经十分庞大，看来还要继续发展——究竟是否对社会有利？不少人对这种后果忧心忡忡。至于我，则不禁认为：就全身来看，头无疑是太大了，但由于这个大都会位置十分适中，所以它的臃肿庞大所引起的不便，并不比一个较大国家的较小首都的不便为大。巴黎和朗格多两地之间各种粮食价格的差价，要比伦敦和约克郡之间的为大。事实上，一个无比庞大的伦敦，在一个不允许权力分散的政府管辖下，使得人们结党营私、互相倾轧，甚至聚众闹事、骚动叛乱，也是可能的。然而国债本身趋向于对这种恶行提供一种匡正办法。只要社会骚乱刚一露头，甚至有一触即发的危机，就必然引起所有公债券持有者的警觉，他们最爱惜自己的财产，无论政府受到雅各宾式暴力的威胁，还是民主狂热的冲击，他们都急如星火地支持政府。

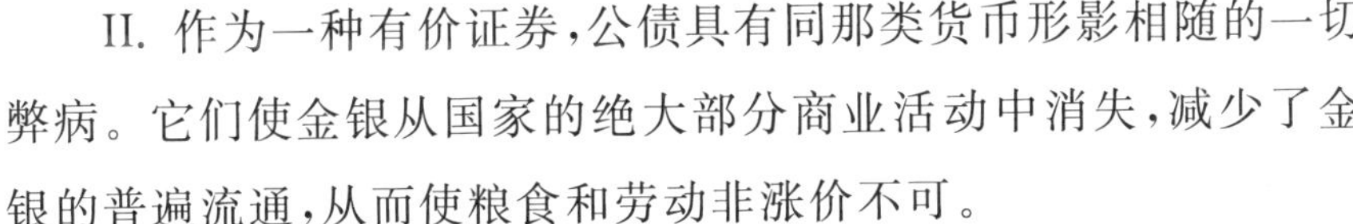

II. 作为一种有价证券，公债具有同那类货币形影相随的一切弊病。它们使金银从国家的绝大部分商业活动中消失，减少了金银的普遍流通，从而使粮食和劳动非涨价不可。

III. 用于支付公债利息而征收的捐税，不是提高劳动的价格，就是压抑较为穷困的人们的劳动价格。

IV. 由于外国人掌握着我国的一大部分公债券，他们在一定程度上使这个国家变成了他们的附庸，总有一天会使我国的人口外流，工业迁徙。

V. 由于大部分公债券总是掌握在以食利为生的有闲人们手里，看来我们的公债大大鼓励了无所作为的寄生生活。

要是从通盘，而不是从小小局部的情况来权衡，我们的公债对商业和工业会有某种损害，不过，这种损害同对作为一个政治机体的国家的损害相比，却是微不足道的。一个国家，必须在国际社会上有以自立，在战争和谈判问题上，必然要同别国打各种各样的交道。国家所受的损害是一种十足的灾难，是不能用任何有利情况来弥补的，因而是一种登峰造极的无穷祸患。

我们的确一直听到这样的论点：国家绝不因有债务而削弱，因为这种债多半是向本国同胞借的，等于是拆东墙补西墙。这就像一个人把钱从右手交到左手一样，境况依旧，既不会稍富，也不能更穷。对于这种破绽百出的论调和似是而非的比拟，如果我们不按照原则去推敲的话，也就听之任之，不必深究。试问：要对一个国家的黎民百姓过分加重赋税负担，就是君主屈尊和老百姓们住在一起，是否就一定能办得到呢？这个问题提得似乎有点过分，因为在每个社会里，勤劳和有闲的人员之间有一定的比例，这是必然现象。但要是把我们现行的赋税全部抵押出去，难道就一定不会发明新的捐税了吗？难道就不可能弄到民穷财尽的地步了吗？

每个国家总有某些征集钱币的比较简便的方法，既符合人们的生活方式，又适合于他们所使用的商品。在英国，对啤酒征收货物税提供了大量的收益，因为酿造啤酒的操作过程既令人厌烦，也无法隐瞒，而且这种东西也并非是绝对的生活必需品，如果生活必需品涨价，那就会大大影响穷人的生活。要是把这种税全部抵押出去，开征另一种新税，何难之有！哪里会损伤穷人一根毫毛，穷人又何恼之有！

对消费品征税，要比财产税既公平又简便。要是消费税能够涓滴不漏，要是我们必须采取最激烈的方法来收税，那么于国家又有什么损失呢！

假定所有的地主都只是政府的小把头，要是业主的不闻不问使这些小把头不惧察访，高枕无忧，难道就不必让他们施展其当把头的全部压迫伎俩了吗？

很难断言，说不应该对国债规定限度；也不敢说，如果把每镑收十二或十五先令的土地税连同所有现行的关税和货物税一起抵押出去，国家不会受到削弱。既然如此，那么这就不单纯是个把财产从一只手交到另一只手的问题了。五百年后，无须依靠这些革命对社会公众施加影响，那些现在坐马车的人的后代，恐怕要和那些现在赶马车的人的后代互换位置了。

假设社会公众一旦觉醒而认清了这种正以惊人的速度靠拢的境况，假设土地被征课每镑十八或十九先令的赋税（因为它绝不可能把整个二十先令都压榨去），假设所有的货物税和关税提高到全体国民所能负担的最高限度，而又不致完全丧失其商业和工业，又假设把那些财源统统永远地抵押出去，而我们的谋臣策士们无论怎样开动脑筋再也想不出什么花样翻新的捐税可供作新的借贷的抵押品，让我们来考察一下这种局面的必然后果。虽然由于政治认识上的不完备和人类的智力的局限性，我们难以对任何未试验过的措施可能产生的后果作出预言，但崩溃的种子已经大量播下，这一点就连最粗心的观察者也不会视而不见。

在社会的这种反常状态中，只有公债券持有者才掌握着超出他们这一行业的直接效果之上的一切收益，他们不但控制了关税和货物税的全部所得，而且几乎攫取了全部地租和房租。这种人同这个国家不发生任何牵连瓜葛，他们可以在地球上选择任何地方定居，享受其收益，在首都或大城市里逍遥自在，养尊处优，饱食

终日无所用心，没有任何理想和抱负，也没有精神生活上的乐趣，平平庸庸地度过其一生。什么出身高贵啦，什么名门望族啦，统统不在话下。公债券可以马上过户转让，情况极不稳定，父子相传，很少超过三代。要是公债券长期保持在某个家族手里，也不等于持有者对这些公债券拥有世袭的权利或荣誉，正因为如此，那些蒙受造物恩典、在国内形成独立辖区的显贵们，一批又一批地湮没无闻了；每个掌权人物只有得到君主的圣旨诰封才能造成其声势地位。由于选举已完全为行贿和腐败所支配，斡旋于国王与百姓之间的中层政权已被完全消灭，惨无人道的暴政势必要占上风；又由于任何办法都不能禁绝对暴政的反抗，只有招募雇佣军一途，此外别无他法可以防止或镇压暴动和造反。土地所有者，一方面由于其贫困为人所藐视，另一方面由于其进行压榨而为人所痛恨，要想反对上述局面，他们是完全无能为力的。

尽管立法机构作出决议：绝不征收不利于商业和工业发展的捐税；那些沉湎于穷奢极欲的糜烂生活的人绝不可能保持清醒的头脑而不产生误解，他们对解决种种十分紧迫的困难根本无动于衷。商业上的不断波动要求不断改变捐税的性质，这就使立法机构时时刻刻都面临这样一种危险：在有意或无意中疏误失策。任何对贸易的重大打击，无论是税收失当或是其他偶然事故造成的，都会使整个政府体制陷于一片混乱。

那么，政府用什么办法才能做到：既支持了它的对外战争和冒险勾当，又维护了自己的以及同盟者的体面和利益，同时还能保障贸易继续繁荣兴旺呢？我并不是问：政府是如何发挥就像晚近几次战争中所保持的那样巨大的实力的，在那几次战争中，我们不仅大大地超出了我们自己的物质力量，而且也大大超出了各个大帝国的物质力量。这种失去节制的过头做法实在荒唐，无怪人们抱怨说，我们当前所面临的一切危险，其根源即在于此。不过，既然我们即使把一切储备都抵押出去也得让商业发达国家富庶，这种财富必须用相应的实力来捍卫，那么政府又从哪儿取得收入来支撑这一切呢？显然是取自对年金收入连续征课所得税，或换种说法：在各种紧急关头，把年金收入的一部分进行再抵押，然后把它用于保家卫国之需。然而这种政策体系很容易带来种种困难，不论我们让国王成为极权主宰，或受国会制约，年金领受者必须自己承担本金波动的风险。

要是君主实行专制独裁（在这种形势下是不难料想的），他就会对年金领受者任意增加苛捐杂税，这就等于把钱币都收归君主个人掌握，结果使得这种财产很快丧失其全部信誉，每个人的全部收入完全仰赖君主的恩典，这是任何东方君主所没能做到的一种登峰造极的专制暴政。相反地，要是征收任何捐税都需征得年金领受者的同意，那就永远也不能说服他们拿出足够的钱来，哪怕是用于维持政府，因为那样做，他们收入的减少是十分明显的，这种税不像以货物税或关税名义出现那样有所掩饰，而社会其他阶层的人，已经被认为最大限度地纳过税，绝不肯和他们共同分担。在有几个共和国里，也有值百抽一，有时是值五十抽一，作为支持政府的厘捐的实例，不过这种做法总属于权力机构的非常措施，绝不能成为常备国防的基础。我们始终看到，要是一个政府把自己的各种岁入全部抵押出去，它必然会陷入暮气沉沉、软弱无能的境地。

以上就是对这种局势揆情度理可以预见的弊病，而英国目前正大有朝这种局面发展的明显趋势。何况还有无数无法预见的弊病，必然会造成一种畸形现象，即政府除了掌握大臣及其谋士们挖空心思所设想出来的各种关税和货物税之外，还变成主要的或唯一的大地主。

我得承认，由于长期以来的潜移默化，社会各界人士对于政府公债不知怎么的都抱着一种奇怪的敷衍态度，这情形，就和神学界对宗教教义的激烈不满颇相类似。还得承认，就是最达观的乐天派也不敢指望本届或任何未来的内阁将会廉洁自奉，执法谨严，偿还公债搞得大有起色，或者国际形势会无限期地让他们太平无事、从容不迫地致力于完成这项任务。那么，我们的情况又将如何呢？要是我们是虔诚的基督教徒，相信一切都是命中注定的话，这种问法，在我看来，倒会是个离奇古怪、甚至发人深省的问题，从中产生某种浮想联翩的答案，也并不是完全不可能。在这里，事情的结局很少取决于偶然发生的战争、谈判、阴谋及内讧，似乎有一种事物发展的正常趋势能够支配我们的推理。当我们最初在事前宣称根据人们以及大臣们的需要而开始这种抵押的做法时，总是十分审慎，要求适可而止，所以，既然现在他们终于愉快地达到了目的，就可以毫不费力地猜出其后果。实际上，这是两者必居其一：不是国家毁灭社会信用，便是社会信用毁灭国家；根据一些别的国家以及本国迄今为止所采取的做法，两者并存是不可能的。

三十多年前，有一位杰出的公民赫岑逊先生的确提出过一种支付我国债务的设想，当时一些通情达理的人对此曾大加赞赏，只是从来没有可能见诸实施。赫岑逊声称：认为国家欠这笔债的想

法是荒谬的,因为这债实实在在是人人都有相应的一份,同这些数字庞大的捐税相比,个人所纳的税款,只是支付利息中相应的一份而已。那么,他说道,把债务在我们之间分摊,让我们每个人按照各自的财产情况捐献一笔钱,这样一来就能清偿我们的公债券,并把国家抵押品赎回来,一劳永逸,岂不更妙?看来,他根本没有考虑到,劳苦大众通过一年的消费,也交纳了相当一部分捐税,但是要他们一下子预付上述捐款的相应部分,却是无能为力的。何况商业上的货币和证券财产极易隐匿掩藏,结果,整个负担实际上完全落在土地宅邸这类显眼有形的财产上了,这是一种绝对难以忍受的不平等和压迫。虽然这一设想不可能实现,但一旦国家债台高筑,窘困万状,穷于应付,有些敢想敢闯的策士们提出种种想入非非的方案来解决债务问题,也不是完全不可能的。到那时,社会信用就将脆弱得如同一张薄纸,轻轻一捅便成齑粉,这情形就像法国摄政时期的局势一样;于是社会信用就这样葬送在庸医之手。

更有可能的是,国家的失信于民将是战争、挫折、天灾、人祸,甚或胜利和征服的必然结果。我得承认,当我看到君主们以及国与国之间为债务基金和国家抵押问题争执闹翻大动干戈时,总不由得联想到在瓷器店里进行棍棒对打比赛的场面。要是君主们对于于君于国都十分有用的生命财产尚且毫不怜惜,怎么能指望他们肯节用那种于他们自己及社稷都有害的财产呢?总有一天(而且这一天肯定会到来),人们会不肯慷慨解囊,为紧急之需提供新的基金,预定的金额将无法筹足。假设那时:或者国家的现金已经耗竭,或者我们到现在为止始终满怀的信心开始丧失低落。再假设,祸不单行,国家面临着入侵的威胁;国内潜伏着或者发生了叛乱，由于军饷粮秣不足，器械失修，就是一连军队也装备不起来；甚或连国外津贴也无力预付。在这种危机四伏、千钧一发的局面下，君主或大臣应该怎么办？私有权是不可让渡的，这在个人尚且如此，何况社会。要是我们的大臣手中掌握着安邦定国的妙策而不用，那他们就是十足的笨伯，比那些过去或现在还继续相信这种保障的人还要愚蠢。到那时，已经发行和抵押出去的公债会带来数额巨大的岁入，足以应付保卫国家安全之需。这笔钱可能存放在国库里，准备支付季度利息。可是，需要在召唤，忧虑在敦促，理智在规劝，恻隐之心更是大声疾呼：当机立断，把这笔钱挪用一下，以应当前的燃眉之急吧，这是极其神圣的万不得已之举啊，也许可以马上归还的。然而，经此一击，那本来已经摇摇欲坠的整个组织机构就彻底垮了，这一垮，断送了成千上万人的生计。这种情况，我以为，不妨称之为社会信用的自然毁灭，因为社会信用发展到这种地步，正像肉体走向死亡一样，是一种自然法则。

听凭摆布，甘受愚弄，是大多数人的天性，所以，尽管会发生像英国无偿破产那样的冲击，强烈震撼了社会信用，可是不消多久，社会信用就会重新复苏，又像过去那样繁荣兴旺了。当前在位的法国国王，在上次战争期间，借过一笔钱，其利息比他祖父借款所付过的还要低，要是按英法两国的正常利率作一比较，就和英国议会借款的利息一样低。人们一般总是相信眼见为实的东西，至于可望而不可即的东西，不管怎样言之凿凿，总是不大信任的；虽然如此，那冠冕堂皇、信誓旦旦的承诺保证，配以眼前利益的诱饵，对他们仍然具有不可抗拒的强大影响。有史以来，人类落入同样的圈套受骗上当，由来已久；这老一套的鬼把戏要了又要层出不穷，人们却执迷不悟，还照样上钩落套。鼓吹爱国，笼络人心，一向为僭主[①]篡权大开方便之门；阿谀奉承，总是包藏着背信弃义的祸心；常备军队，无非给独裁政府提供支持；赞美上帝，不外使教士们坐收世俗之利；——如此这般，不一而足。唯恐社会信用遭受破坏后，从此一蹶不振，后患无穷，这种担心实在是杞人忧天，大可不必的。事实上，凡是深谋远虑的人，在我们一旦对旧债采取一笔勾销统统抹掉之后，反倒比现在更愿借钱给国家；正像对于一个有钱的无赖汉，你即使无法逼他还债，也宁愿他还是你的债务人，而不愿他真正破产一样。因为这无赖汉为了要继续做生意，也许会觉得清偿债务对他有利，只要这债务不是过分沉重；而你又无能为力，对他奈何不得。塔西佗[②]在《历史》第二卷里所发挥的那种见解，确实是千古不易的不刊之论，对于本文所谈的情况完全适用。但当时百姓受益很大：糊涂人换得大量金钱：而在明智的人看来，有损于国家所能获得的一切全是空的。国家欠债，谁也无法强迫它偿还。债权人所能控制它的唯一有利办法，就是设法维护其信用，不过这种有利，极容易因为债务过巨，以及出现一种异乎寻常的、甚至连这种信用本身也无力挽回的困境，而被压倒。更不必说，燃眉之急往往促使一些国家不得不采取种种非常措施，而这些措施，严格地说，对这些国家本身是不利的。

以上所讨论的两种情况是灾难性的，不过还算不得什么“浩

① 在古希腊，有“僭主政治”这样的政权形式。僭主就是通过政变取得国家权力的统治者。——译者

② 塔西佗(Tacitus)，约55—120年，罗马帝国时期史学家，主要著作有《编年史》和《历史》。——译者

劫”。只是数千人作出牺牲，以确保亿万人的安全。但是我们无法排除这样一种危险：即，反过来，牺牲亿万人来换取那数千人的一时苟安。① 我国的民众政府也许会认为，让一位大臣贸然采取无偿破产之类孤注一掷的措施，乃是一种难以设想的铤而走险的做法。上院的议员都是地主，下院的议员基本上也是地主，因此，可以说这些人都没有大量公债券财产；然而，也许是由于下院的议员们同地主们的联系太密切，所以人们认为，他们信守不渝地坚持的是社会承诺，而不是谨慎、策略，甚或正义，严格地说，即不从实际需要出发。而我们的外敌都是十分精细狡猾的，可能也会发现：我国的安全处于绝望的境地，因而，这种明眼人一望而知的危险，不到火烧眉毛、无可避免之际，是不可能被指出的。对于欧洲的均势，我们的祖父辈、父辈直到我们这一代，始终认为太不平衡，要是我们不加以关心和协助就无法维持。可是到了我们的下一代，由于对斗争感到厌倦，同时也为债权所束缚，也许会袖手旁观，坐视邻国受压迫、被征服，直到他们自己最终也和他们的债务人一道听凭征服者的摆布。把这种情形称之为我们的社会信用的横死，也许是十分恰当的。

---

① 我听说对公债的债权人数有过估计，包括国内外全部在内只相当于一万七千人。这些人依靠其收入俨然成为有身份有地位的头面人物，一旦国家破产，他们的身价在顷刻之间就一落千丈，沦为苦难的贫民。乡绅贵族的爱面子讲排场，一向是最根深蒂固的，要是真的落到这种窘困的绝境，就会觉得这种论点是很不公平的。要不是我们社会的持久性大大超出一切合情合理的预料，从而证明了我们上一代人的预言为虚妄的话，你就会倾向于认为这种情况的出现间隔甚近，比方说五十年一次吧。当法国的星占家们年年预言亨利四世的死期时，亨利四世说：“总有一天会让这些家伙估准的。”所以，关于具体日期，我们应该慎之又慎，不可随意确指，还是满足于指出一般情况为妙。

这些情况的出现，看来离当今之世不会太遥远，而且就在其孕育期间，不等它露头，人类的理智就能一眼识破。虽然古人主张，要想获得先见之明的天赋，某种敬神的狂热是必要的，但是我们现在却可万无一失地反驳说，要想产生诸如此类的先见之明，只需要保持清醒的头脑，不受流行的狂热和幻想的影响，如此足矣，无须他求。

论古代国家的人口稠密

无论从道理上或现象上，都找不到什么根据可以断言世界是永恒不朽的。物质的不断而迅速的运动，搅得天下动荡不安的暴力革命，天上出现的变化，关于全世界洪水泛滥的传说和清晰的遗迹，或者普遍的自然灾变，——凡此种种，都有力地证明了这种世界结构必然要死亡，通过腐烂和分解，从一种状态或种类转化为另一种状态或种类。因此，世界也一定像万物一样，有其幼年、青年、成年和晚年；而人类，可能和一切动植物一样，也有这些不同的发展阶段。在世界的全盛时期，可以设想，人类在思维和肉体两方面都较发达，身体更强壮，精神更旺盛，寿命更长，传宗接代的意愿和机能更强。然而，要是世界万物以及人类社会的进程都是这样逐渐演变，其速度之慢使得我们在按照历史和传统看来是如此短暂的时期难以看得清这种变化。所以，直到现在，我们似乎觉得人的身高、体重、寿命乃至胆量和智慧，千百年来原封不动，依然还是老样子。至于技艺和科学，在各个时期倒的确有盛衰之迹；不过我们看到，当技艺和科学的发展在某个民族达到全盛时期时，所有周围的邻国可能对此根本一无所知；虽然在某个时期它们普遍地衰落，可是在嗣后的年代却又复兴，传播到世界各地。因此，就观察所及而论，对于人类的发展看不出有普遍的、可以觉察的变化，但可以认为，世界却像动物一样，有一个从幼年到老年的自然过程；然而我们现在还无法肯定：它是在走向极盛时期呢，还是开始衰落；所以也就不能预言人类本身的衰亡[①]。因而要想用设想中的世界的青年时期或旺盛时期来证明或说明公认的古代人口较为稠密，这种说法，恐怕凡是神智正常的人都不会接受。在这个问题上，应把一般的生理上的原因排除在外。

确实有某些重要的特殊生理原因。古代所提到的一些疾病，现代医学几乎一无所知，现在发生和流行的一些新的疾病，在古代历史上却无踪可寻。在这个问题上，我们根据比较可以看到，现代的弊病较大。更不必提那些比较次要的因素；小小的天花肆虐，其危害之大就足以说明，为什么要把优越性归于古代。每一代有十分之一到十二分之一的人类遭到毁灭，可以设想，这就造成一个民族在人口上的极大差距；等到花柳病一出现，一种新的瘟疫就到处蔓延，这种疾病按其经常所起的作用，可能要和人类的三大灾祸——战争、瘟疫和饥馑——相等。要是古代的人口确实比现代多，而又无法用道德上的原因来说明这种巨大变化的话，那么，在不少人看来，光是这些生理上的原因，就足以使我们获得有关这个问题的满意答复。

然而，古代人口难道真的像有人所说的那样，要比现代多得多

① 科鲁迈拉(Columella)说(见卷三第八节)，先前在埃及和非洲，双胞胎常有，甚至是惯常的现象；双胞胎常见，而且几乎司空见惯。要是这个说法可信，那么随着国家和时代的不同都有生理上的差异。因为现在的旅行家对这些国家没有这类记述。相反，我们照例认为北方民族寿命较长。由于这两个国家曾是罗马帝国的行省，就很难(虽然并非完全荒谬)设想：像科鲁迈拉这样的人会把这个问题弄错。

吗？有关这个问题，伏修斯（Vossius）的论述失之夸张，这是尽人皆知的。可是一位更有才华、观察敏锐的作者竟然声称：根据对这些问题将有的最佳估计，目前在地球上生存的人类还不到恺撒时代的五十分之一[①]。不难看出，即使只就欧洲及地中海沿岸各国的古代情景来考察，这里的对比准是不完全的。既然我们连每个欧洲国家甚或城市目前的确切人口数字都不甚了然，而历史家们在这方面所遗留的线索又十分不足，又怎么能妄想估算这些国家和城市的古代人口数字呢？照我看来，情况似乎大谬不然，所以在打算对这个问题抛砖引玉，谈几点个人看法的时候，我不想去分析哪是原因，哪是事实，而只是笼统地加以研究；当然，要是能够把事实弄清楚，而且言之成理，则这种研究法是不能容许的。首先，要考虑：根据我们对古代和现代社会情况的了解，说古代人口一定比现在为多，这种情况是否有可能；其次，实际情况是否如此。要是我有办法使那种并不像人们所想象的那样确切不移的推论有利于古代，那我倒是求之不得哩。

我们可以看到：一般说来，不同时代或不同国家人口稠密度的对比问题，包含着十分重大的后果，往往对这些国家的整个政策、风俗习惯以及政府体制的选择方面有决定性的作用。既然人类，无论男女，都有传宗接代的要求和能力，而且这种愿望日益强烈，他们之所以节制生育，必然是境况的艰难造成的；任何深谋远虑的立法机构应该看到这一点，并设法认真加以消除。凡是自认为有能力赡养家庭的人，几乎都会建立一个家庭；要是按照这一比率繁

① 见《波斯人信札》。同时参阅《论法的精神》卷二十三，第十七、十八、十九节。

殖,人类每一代就会翻一番开外。在每块殖民地或新的移民点,人类繁殖的速度真快啊。难道在那些地方,养家糊口就那么容易?难道在那些地方,人们就和立国长久的人民完全不一样,一点也不贫困,不受限制?历史告诉我们:尽管能使一个民族人口减少三分之一或四分之一的天灾人祸频频发生,不过在一、两代人的期间,这种毁灭性的后果是不易觉察的,因为社会又早已恢复其原先的人口。原先所耕种的土地,所营建的屋舍,所制造的商品,所获致的财富,使这个民族幸存的人们能够马上结婚,建立家庭,从而填补了死去的人们的缺额①。而每个明智、公正、宽宏的政府,出于类似的理由,只要采取让百姓休养生息的措施,就总会既使商品和财富增加,又使人丁兴旺。的确,一个气候和土壤都适宜于栽培葡萄的国家,其人口自然要比只能生产谷物的国家为多;而宜于种植谷物的国家,其人口又比只适于从事放牧的国家为多。一般而论,在气候温暖的地带,由于当地居民的生活所需较少,而植物生长茂盛,人烟稠密是十分可能的;不过,要是其他条件相同,似乎应该设想:凡是安居乐业,民风淳厚,政简刑轻的地方,人口就最兴旺。

既然古今人口多寡的问题如此意义重大,要是我们把它当作一种测定标准,就有必要把古代和现代的国内和政治情况作一番比较,以便按照各自的道德原因来判别事实;以上就是我们提出要讨论的第一点看法。

① 这也是说明为什么天花并没能像乍一想象的那样使一些国家的人口大量减少的充分理由。只要还有人类生存的余地,人们就总是有增无已地涌去,即使没有国籍法案为后盾。堂·盖洛尼莫·德·尤斯泰提斯说,西班牙把大量人口遣送到西印度群岛去,但西班牙各省还是人满为患;这种情况是西班牙人的无比富裕所造成的。

古今国内经济方面的主要不同就在于奴隶制，这种奴隶制在古代十分盛行，而在现代，在欧洲大多数地区的一些国家里，已经废止了。一些厚古薄今论者以及向往平民自由的鼓吹者(事实上，这两种感情，基本上总是形影不离。不可分割，那是理所当然的)，情不自禁地为这一制度的灭亡扼腕悲叹，他们在憧憬缅怀一切权力归于一人的令人毛发悚然的奴隶制时代时，是不惜将大多数人类统统沦为真正的奴隶，处于屈膝受辱的境地的。不过，凡是冷静地考虑问题的人，都会认为，人类的天性一般倒是乐于接受现在的自由，哪怕在欧洲最专横的政府统治下，也要比在古代最繁荣时期的自由好得多。投靠归顺只管辖一个城市的小国君主，要比向一个大国君主屈膝称臣更难堪，同样，家奴制要比任何文明统治更为残酷，压迫更重。主宰者的身份地位愈高，我们所享有的自由就愈多:我们的行动所受的监督控制愈少，于是我们自己的屈从和自由之间的、乃至同别人的统治之间的残酷对照就愈不明显。目前在美洲殖民地以及某些欧洲国家里所残存的家奴制，肯定不会让人希望它得到进一步的传播推广。那些从小就习惯于颐指气使、作威作福的人，在他们身上简直就看不到丝毫仁慈恻隐之心，这就足以使我们对那种无法无天的统治深恶痛绝。古代之所以有种种严重的——我要说是——野蛮风俗习惯，其唯一的原因就在于实行家奴制，在这种制度下，每个贵族都是小霸王，他的奴隶们只能对他阿谀奉承，卑躬屈膝，低头服小。

根据古代的史实，对卑贱者套上了种种羁绊，迫使他屈膝就范;对高贵者却不加任何限制以使他接受宽宏仁慈的相互义务的约束。在现代，一个坏的仆人很难找到好的主人，反过来，一个坏的主人也很难找到好的仆人，其间的制约是相互的，是与反映了理智和平等的神圣的客观法则相适应的。

把老弱病残不能干活的奴隶丢弃在泰勃（Tyber）岛上任其活活饿死的习俗，在古罗马好像已经相当流行；根据克劳狄皇帝的一道敕令，凡是被弃置在岛上的奴隶，一旦死里逃生，即获得自由；敕令还规定：禁止无辜杀害年老有病的奴隶（见苏托尼著《克劳狄皇帝传》）。假设这道敕令被严格遵守，家奴们的境遇是否会有所改善，他们的生活是否会大大变好呢？只要想到老凯托所直言不讳地宣布的准则：与其养活他认为是白吃饭的废物，不如趁早把年老无用的奴隶卖出去，价钱多少不论；则别人的效法也就可以想见（见普鲁塔克著《凯托列传》）。

监禁奴隶、强迫其带着锁链服苦役的土牢，在整个意大利比比皆是。科鲁迈拉主张：这些牢房应永远构筑在地下（见第一卷第六节）；又说，一个认真负责的监工的职责是：每天对奴隶们点一次名，就像团队或船员集合点名一样，以便随时了解奴隶中是否有人开小差逃跑（见同书卷十一第一节）。以上这番话证明：这类地牢很多，而且禁锢在里面的奴隶数量也非常之大。

根据奥维德（见《论爱情》卷一挽歌六）及其他作者[①]的记载，带着锁链的奴隶充当司阍杂役，在古罗马也是司空见惯的现象。这些奴隶主要不是完全抛弃了对这些不幸同胞的同情心的话，就不会让自己的宾客一进门就感受到主人的威严和奴隶的悲惨。

在所有的审判中，甚至是平民之间打官司，最常见的现象是让

① 苏托尼《论著名雄辩家》。同时参见古诗《我听到看门人叮当地响着镣铐》。

奴隶提供证词,这实在是一种极端残暴的刑讯逼供。德谟斯梯尼说(见 Oniterem orat.),要是不论自由民或奴隶作证都可提供同样的事实,法官总是严刑拷问奴隶,以作为一种更确凿的证词①。

辛尼加(Seneca)②勾勒了一幅把白天当黑夜,把黑夜当白天,完全打乱了生活的正常秩序,乌烟瘴气的寻欢作乐图景。除了像吃饭和沐浴的时间发生改变这类情况以外,他还提到,每到半夜两三点钟,一位沉溺于这种恶癖的人物的邻居们就会听到噼噼啪啪的鞭子抽打声,事后一打听,才知道,原来此君当时正在考察其奴仆的行为,并给予应得的惩罚,以整肃纪律。作者谈这件事,并不是作为残忍的事例,而是作为生活反常的实例,这种反常,即使安排得井井有条而成惯例,也会改变那由来已久的习惯所规定的正常作息时间③。

然而本文的正题是研究奴隶制对一个国家的人口稠密程度的

① 这一类做法在罗马是相当普遍的;不过西塞罗似乎认为这种证词不如自由民的作证可靠——见《为切利乌斯辩护》。

② 辛尼加,约公元前 5 年—公元 65 年,罗马政治家及哲学家,是暴君尼禄的师傅。——译者

③ 见书信集第 122 函。在罗马公开表演的那种惨无人道的竞技,也确实可以认为是人们轻视奴隶的产物,同时也是罗马的君主和统治者普遍暴戾成性的重要原因。读过有关圆形竞技场表演的描述的人,谁能不感到毛骨悚然?人们怎样对待奴隶,国王也即以其人之道对待这些人们,对此,谁又会感到奇怪呢?仁慈的天性使你回忆起卡里古拉(Caligula)的野蛮誓愿:但愿这批残忍的人的脑袋合长在一个脖子上,这样,一拳就可以结果这批人的性命,你总会拍手称快吧。你得感谢上帝,前引作者(在第 7 函里)向罗马人发表演讲说道:你的主上(即宽宏仁慈的尼禄),他不可能学会你那种残忍的榜样。这番演说是在尼禄统治的初期讲的,不过后来倒变得十分贴切,毫无疑问,尼禄由于看到了他从小就司空见惯的野蛮事物,也就翻然悔悟,大有改进了。(按:尼禄为古罗马著名暴君,此处当是反语。——译者)

影响。有人声称:在这方面,古代的史实已证明这一制度具有无限优越性,而且据说也是古代人口异常稠密的主要原因。那时,所有的奴隶主都阻挠自己的男奴娶亲,而且也千方百计不许女奴嫁人,当时人们还认为女奴根本没有资格服侍主人。不过,要是奴仆们的财产存在主人手里,他们的结婚就成了主人的财富,会给他带来新一代的奴仆,以接替那些年老体弱不能干活的奴仆。于是奴隶主就鼓励奴隶们像牲畜下崽那样,尽量多生孩子,还十分热心抚养其下一代,教他们学会某种技艺或职业,这样,他们就会更有用,对主人更有价值。通过这一方针,富人,虽然对穷人生活的改善并不关心,至少对其生存表现了关心;同时靠着依附于他们的奴仆人数的增加以及劳动热情的提高而发家致富。作为一家之主,人人都像君主关心国家一样关心各自的家族,而且也像君主一样,不抱有会削弱自己的小小权威的任何野心或虚荣的相反动机。家族的一切都处在他本人的直接监视之下;他有闲暇可以对奴仆们的婚姻和教养方面的细微末节都加以过问①。

从事物的表象来看,家奴制的后果就是这样的;不过要是我们深入到本质,说不定就会发现我们的草率结论必须撤销的理由。把对人的管理同对牲畜的管理相提并论,进行比较,这种做法当然是令人惊诧莫名的;不过为了力求在研究本题时应用得恰到好处,

① 我们在这里可以看到,要是家奴制真的能使人口增加,那就是普遍规律的一种例外;在任何社会里,繁荣幸福和人丁兴旺必然是形影不离、相辅相成的。一个奴隶主可以出于幽默感或寻开心而使其奴隶不幸,不过出于利益的考虑,他会十分认真地去增加奴隶的数目。奴隶们的结婚并非出于自己的选择,正像他们生活中任何别的活动一样没有他们的自由。

考察一下这种对比的结果可能是公允适当的。在首都，在各大城市附近，在各个人烟辐辏、勤劳富庶的省份，几乎没有人饲养牲畜。在那些地方，吃饭，住宿，找跟班，雇劳力，价钱都很贵；于是人们到达一定年龄之后，就认为从价钱便宜的异域远方购买牲畜比较合算。因此，这些远方异域便专门饲养牲畜。同理，于人亦然，假如把人也置于和牲畜相同的关系之中来考察的话。要是在伦敦抚养一个孩子，把他养大到能够侍候人，其代价，比从苏格兰或爱尔兰买一个同样年龄的仆役要贵得多，因为他在那里住的是茅屋，穿的是破衣烂衫，吃的是燕麦粥和马铃薯。因而，在所有富裕而人多的国家里，蓄养奴隶的人，总是设法不让女奴怀孕，一旦有孕，不是强迫堕胎，便是扼杀婴儿。人类在那本来应该增长得最快的地方不断减少，于是便永远要到贫困荒凉的省份去招募，长此以往，这种人口外流将使国内的人口大幅度减少，将使大城市的毁灭人口的作用十倍于当今之世。在那些地方，人人都独立自主，给自己的子女所提供的，不是锱铢必较的卑鄙利欲，而是人类强有力的天性。假如伦敦保持现状而不进行大扩展，按照通常的估计，每年需要从农村招募五千人；要是大部分商人和老百姓都是奴隶，而且那贪婪的奴隶主又不准他们生儿育女的话，那么，它该有什么要求呢？

所有的古代作者都告诉我们，总是有奴隶源源不断地从边远省份，特别是叙利亚、西里西亚[①]、卡帕多细亚，从小亚细亚、色雷

① 在西里西亚的台鲁斯，每天要卖出一万名奴隶，供罗马人使用，见斯特拉波卷十四。

斯和埃及，输入意大利；但是意大利的人口并没有因此而增加；作者们还抱怨工农业不断衰落[①]。既然如此，通常所设想的罗马奴隶的人口出生率极高又从何谈起呢？看来非但不能增殖，甚至不大量输入恐怕连原有的数额也无法保持。尽管不断有大量奴隶获得解放而成为罗马公民，可是就连这部分人口的数目也并没有增加[②]，直到罗马城的自由思想传播到外省为止。

对家里出生养大的奴隶，称之为verna(家生奴)[③]，这样的奴隶，习惯上似乎要比别的奴隶得到较多的优待和照顾，这也就充

① 见科鲁迈拉卷一绪言及第二节和第七节。瓦罗(Varro)卷三第一节。贺拉特(Horat)卷二附录十五。塔西佗《编年史》卷三第五十四节。修顿(Sueton)《奥古斯都传》第四十二节。普林尼卷十八第十三节。

② 土著平民日渐减少，塔西佗在《编年史》卷二十四第七节中这样写道。

③ 由于servus(奴仆)和verna(家生奴)是对两类奴仆的不同而又没有任何对应关系的称呼，这就形成了一种有力的推测：后者的人数要少得多。在语言中，我们可以见到一种极为普遍的现象：要是一个整体的两个彼此相对应的部分在人数、身份或尊卑方面具有某种比例，总要创造出两个相对应的词语，分别称之，并表明其相互关系。要是这两部分人不成比例，那么就只创造一个词语，用以称呼人数较少的部分，以区别于全体。例如，男女、主仆、父子、君臣、异邦人和公民等，都是这类相对应的词语。至于水手、木匠、铁匠、裁缝等等，就没有与之相对应的词语，用以称呼那些不是水手、不是木匠等等的人。在各种语言中，显示这类区别的专门词汇是各不相同的，由此，也可以对各民族的殊风异俗作出种种有力的推论。穷兵黩武的罗马皇帝们的统治大力鼓吹军队至上，结果使国家的一切其他法令都成为一纸空文。因此，miles(远方)和paganus(异域)就成了一组对应的名词，非但在当时的古语中，而且在直到今天的现代语中，这始终是个不解之谜。在现代，宗教迷信把僧侣捧上了天，使其权势压倒了整个国家，因此，在所有的现代语言中——当然也只是在现代语言中——，clergy(僧侣)和laity(世俗人)又成了一组相对应的词。根据相同的原理，我推测：要不是罗马人从国外购入的奴隶在人数上大大超过家生奴的话，verna本该有一个与之相对应的名词，以显示前一种奴隶与后者有别。不过看来这前一种人倒是构成了古代奴隶的主体，后一种人只是少数例外而已。

分说明了为什么奴隶主不乐意多抚养这类奴隶①。凡是熟悉我国庄园主所奉行的这些准则的人,都会承认这种提法是十分中肯的②。

阿提喀(Atticus)十分喜欢吸收家生奴充实其家族,一个受其豢养的历史家就因此而对他大事颂扬③。那么,难道不能据此推论:这种做法在那时是极为罕见的?

古希腊喜剧中给奴隶所起的种种名字,如 Syrus,Mysus,Geta, Thrax,Davius,Lydus,Phryx 等,提供了一种推测:至少在雅典,奴隶多半是从国外输入的。斯特拉波④说,雅典人给奴隶取名字,或者根据其出生之地的国名,如 Lydus,Syrus,或者按照在那些国家里最常用的名字,如给弗吉人取名为 Manes 或 Midas,给帕夫拉贡尼人取名为 Tibias。

① 罗马著述家把那些粗鲁无礼的奴隶称作 verna,用作伶人的等同语。参阅马休尔(Martial,古罗马讽刺诗人——译者注)集卷一讽喻诗第四十二。贺拉西也说过:无耻的恶奴;皮特罗纽罗则在第二十四节说过小厮之礼仪。辛尼加在《论天命》第一节中说过小厮们的放肆。

② 据估计,在西印度群岛,要是不购入新的奴隶接替,在奴隶总数中每年有百分之五病入膏肓。甚至在衣食不成问题的热带国家,奴隶也不能维持其原有的数目。至于欧洲国家,以及附近的一些大城市,情形就更糟,这还用说吗?我还认为,根据我国种植园主的经验,凡是能雇到长工或短工的地方,蓄奴制,无论对奴隶主或奴隶本人,都同样是弊多利少。你得供给你的奴隶吃饭穿衣,而对雇工,则不再负有此种责任。由此可见,最初买进奴隶的身价银,对你来说,是一笔巨大的损失;何况奴隶由于害怕惩罚而终日惴惴不安,绝不可能像一个担心逐渐打消而又不必做其他杂役的自由人雇工那样干很多活。

③ 参阅尼波斯(Nepos,公元前一世纪之罗马历史家。——译者)《阿提喀传》。不妨指出,阿提喀的产业主要在伊庇鲁斯(Epirus),那是一个遥远偏僻的地方,所以他才会认为在那里蓄养奴隶是合算的。

④ 古希腊地理学家。——译者

德谟斯梯尼提到过一条法律：禁止任何人殴打别人的奴隶；他对这条法律的仁慈精神大为赞赏。他说，要是那些野蛮人知道，从他们那里买去当奴隶的同胞受到这样宽厚的待遇，就会对雅典人无限尊敬。(《In Midiam》第二百二十一页，据阿尔定版)。伊索格拉底(在《节日演讲》里)也暗示过，希腊人所蓄养的奴隶一般地或基本上是野蛮人。亚里士多德在其政论中(卷七第十节，附加结语)直截了当地设想：凡奴隶都是异邦人。古代的喜剧作家总是让剧中的奴隶口操“蛮语”[①]，这乃是一种对真实情况的描摹。

众所周知，德谟斯梯尼未成年时，他的监护人骗取了他的大量财产，后来他依法起诉，追回了他继承的遗产之所值。他为此事而发表的几篇演说至今犹存，这些演说详尽地列举了有关他父亲遗留下来的全部财产，包括买卖、宅邸、奴隶以及这些东西折价各值多少(见《Amphobum orat. I》)。其中有从事手工业生产的奴隶五十二人，即刀剑匠三十二人，细木工[②]二十人，全是男奴；演说中并无片言只语提到这些奴隶的妻子、子女或家庭；要是雅典果真流行蓄养家生奴的话，奴隶就必定会有家庭及妻儿老小；其全部所值必然大大取决于这方面的情况。可是，除了归他母亲使唤的几名婢女外，德谟斯梯尼根本没有提到过有女奴。这一论据，即使不能作为最后定论，也是十分有力的。

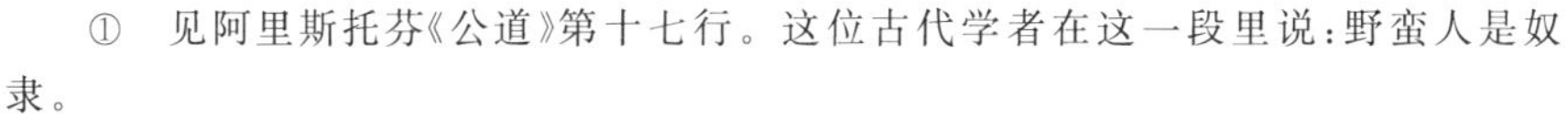

① 见阿里斯托芬《公道》第十七行。这位古代学者在这一段里说：野蛮人是奴隶。

② 专门制造古人躺着进食用的卧榻。

请注意普鲁塔克在谈到老凯托时所说的这番话〔见《凯托列传》〕:“他拥有大量奴隶,都是平常在战俘拍卖场上买下来的,而且专挑年龄小的,因为他们很容易适应任何饮食或生活方式,也容易教他们学会任何手艺或活计,就像人们驯小狗小马一样。有鉴于爱情是产生一切混乱的主要根源,他准许男奴同家里的女奴同居,代价是要他们付一笔夜度资,但他严禁他们到外面去乱搞。”这段记述介绍了古人对这方面的关心。然而这里面是否就包含着古代奴隶能够结婚和生儿育女的迹象呢?要是这种做法是公认有利,普遍实行的话,也必然要为凯托所接受,因为他是很讲究节约的,在他那个时代,节俭朴素之古风还是受到推崇和赞誉的。

罗马法的作者们以明白无误的措辞指出:几乎没有哪一个人是抱着抚养家奴的意图才购买奴隶的。

我承认,咱们的跟班和女仆生儿育女是不多的。可是古人,除了伺候他们的贴身奴仆外,差不多一切活计都让奴隶干,甚至还搞手工业制作,这些奴隶大都住在自己家里;有些显要人物拥有奴隶竟达一万名之多。要是有人肯怀疑这种惯例不利于奴隶的繁殖的话(无论对于现代的奴隶还是对于古代奴隶,这一理由,至少是部分地,都是同样适用的),奴隶制毁灭人口的严重性应该是早已被证明了的。

据历史记载,有一个罗马贵族,家里蓄养着四百名奴隶,其中有一名奴隶行凶报复把这个贵族刺死了,于是按照律令严峻治罪,把全体奴隶统统处死,无一幸免〔见塔西佗《编年史》卷十四第四十三节。〕还有不少贵族,蓄奴数目与之不相上下,甚或过之。要是我们假设所有的男奴都娶亲、女奴都生育的话[①]，我看人人都会摇头说这简直是不切实际的空想。

诗人海西奥德早就说过[②]，已婚奴隶，不论男女，都被认为是不利的。既然罗马的蓄奴之家丁口已经多得惊人，在各阶层人们中，生活朴素的古代遗风早已沦丧殆尽，又怎么能再让奴隶繁殖呢？

塞诺芬在其说明怎样经营农庄的《经济论》一书中提出，要严格注意传授不亲之大防，不准男奴和女奴彼此接触。他好像是不主张奴隶结婚的。在希腊城邦中，唯一能够传宗接代的奴隶是希洛人，他们聚居在专门的村落里，这些人不是个人的奴隶，而是城邦国家的奴隶（见斯特拉波卷八）。

这位著述家（在《论合理报酬》中）还告诉我们，按照同奴隶主达成的协议，尼西亚（Nicias）的管事[③]，除了负责供给奴隶的食宿、保持奴隶的人数外，还得按一个奴隶每天一个银币的规定，向奴隶主交纳租金。要是古代奴隶都是家生奴，则契约上有关保持奴隶数目的条款未免是多此 举了。

古人经常谈到对每个奴隶实行口粮的定量配给问题[④]，使我们自然而然地推定：奴隶几乎全是单身汉，而这种口粮配给就是他

① 豪门世家的奴隶都挤住在称为 cellœ（斗室）的小房间里。后来，cell 一词就衍化为修道院里的苦修禅室。参阅 J. 李普修著《农神节》卷一第十四节。以上情况，都构成有力的论据，足以推定家生奴可以成家及生儿育女之说是不能成立的。

② 见《轻歌曼舞与存亡危急》卷二第二十四行及二百二十行。

③ 指向奴隶主租借奴隶的直接经营者。——译者

④ 参阅凯托《论乡下人》第五十六节，杜那图《福尔米翁》第一行，辛尼加《书信集》第八十函。

们的主要报酬。

可见奴隶结婚，哪怕是在乡下种田的隶农，尽管看来更加像是理所当然的，然而不然，这的确不是普遍的。凯托（在《论乡下人》第十、十一节中）计算了种植一百英亩葡萄园所需的奴隶为十五人，即管事及其妻子，再加上十三名男奴隶；种植二百四十英亩橄榄园，除了管事及其妻子外，需要十一名男奴隶。大于或小于这个种植面积时依此类推。

瓦罗在援引凯托的这段论述时（见卷一第十八节）认为，除了最后一点，他的计算在各方面都是贴切的。他说，由于不论葡萄园或橄榄园的面积大小如何，总是需要一个管事及其妻子，这就会改变这种比例的精确性。要是凯托的计算在别的方面还有误差，瓦罗准会提出纠正，因为看来他是很喜欢吹毛求疵的。

瓦罗（见卷一第十七节）和科鲁迈拉（见卷一第十八章）都主张：为了笼络管事，使他更加起劲地为奴隶主服务，配给他一个老婆是很有必要的。因此，这是赐予一个奴隶的特别恩典，以示对他异常信任。

在同一处，瓦罗还谆谆告诫说：不要从同一个民族中购买太多的奴隶，以防他们在你家里结党闹事。据此可以推定：在意大利，大部分奴隶，包括在农村劳动的隶农（因为瓦罗所讨论的正就是这些人），都是从遥远的外省买来的。在罗马，供娱乐消遣之用的家奴，通常都从东方输入，这是人所共知的。普林尼在谈到奴隶主的戒备心理时说：大批的奴隶使家中出现了一大群外邦人，由于奴隶众多还须使用一个专向主人提示奴隶名字的人。[①]

瓦罗的确主张(见卷二第十节)让老一代牧羊家奴生孩子接班当小羊倌。由于牧场一般都在边远偏僻、物价便宜的地区,每个牧羊人都单独住在小茅屋里,所以在那种地区,羊倌的结婚生孩子不会带来什么不利,因为这和那种生活费用高、奴隶住在主人家里的地区不同;生产酒或粮食的罗马人农庄的情况也大体如此。要是我们仔细考察对牧羊奴的这种例外情形,权衡它的种种因由所在,那么它就会是一种有力的佐证,足以支持我们上面所述的怀疑[②]。

我承认,科鲁迈拉(在卷一第八节中)曾建议奴隶主要对替他抚养大三个以上孩子的女奴给予奖励,甚至赐予自由。据此可以证明:也有些古代人是奴隶生的,这的确是无可否认的事实。要不然,奴隶制在古代既然如此盛行,那么它的破坏性就一定会达到无法弥补的程度。根据以上论据,我所望得出的结论只是:总的看来,奴隶制对于人类的幸福和人口的增加,都是有百弊而无一利的,用雇佣仆役制来取代它要好得多。

古代作者观察到在整个意大利,奴隶人数增长,而自由民人数减少,这种变化导致了土地改革法案,或者像有些作者所称的格拉古兄弟改革运动。阿庇安把这种增长归因于奴隶的繁殖太快[③],

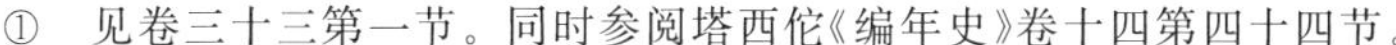

① 见卷三十三第一节。同时参阅塔西佗《编年史》卷十四第四十四节。

② 这个是劳苦的牧羊人的儿子,那个是牧牛人的儿子。尤凡那尔:《讽刺诗》11,151。

③ 《内战史》卷一。

普鲁塔克[①]则归之于购买带着锁链、囚徒似的野蛮人的价钱太便宜[②]。不妨说,这两种原因是兼而有之的。

弗罗腊(Florus)说,在西西里,到处是带着锁链的奴隶,土地都是由他们耕种的。优努斯和阿铁尼奥先后揭竿而起,爆发了奴隶战争,砸碎了这些无辜囚徒身上的枷锁,解放了六万名奴隶(见卷三第十九节)。小庞培也用同样的办法在西班牙扩充其军队(同上书卷四第八节)。要是在整个罗马帝国,乡村的劳动者普遍处于这种境地,要是城市奴仆又难于或根本不可能觅到一间单独的宿舍成家的话,难道还不足以说明奴隶制是多么不利于人类及其繁殖吗?

而今,君士坦丁堡又因袭罗马的故伎,从外省各地搜罗奴隶,所以各外省的人口是绝不会稠密的。

据梅立特先生说,每年,都有大批黑奴源源不断地从埃及输入土耳其帝国的其他各地,同时也有等量的白人涌入埃及;前者来自非洲大陆,后者来自明雷利亚(Mingrelia)、彻尔加西亚(Circassia)

---

① 《提比略·格拉古和盖约·格拉古传》。

② 老辛尼加有一段论述也是为了说明这个问题的:“有一个时候土地由系着锁链的奴隶耕作;如今佃农比从前君主统治时代更为广泛。”(引自卷五论战文第五篇)普利尼乌斯说,“但如今,被捆绑过的双脚、受过损伤的双手、脸面被刻了字的人们也在同样干着。”(见卷十八第三节)马休尔也说:“都斯库斯的田野里无数镣铐声在回响。”(见卷九第二十三篇)路卡努斯也写道:

“然后田界衔接起来,
因昔时卡米利乌斯辛勤耕作,
由库利乌斯人的古老农具发展起来的犁头,
把农民茫茫的田野不知扩展到何方。”(见卷一)
“田地由系链条的农夫在耕种着
西方的庄稼,……”(见卷七)

和塔塔尔。

我们现代的修道院无疑是很糟糕的机构，然而有理由猜想：在意大利，乃至世界各地，古代的每个豪门大族也是别具一格的修道院。我们固然有理由谴责罗马天主教的这一切机构都是迷信的温室，社会的累赘，虐待可怜的男女囚徒们的压迫者；但是，这些机构是否像一般人所想象的那样，对一个国家的人口增长具有那么大的破坏性，则尚有商榷的余地。要是把修道院领属的土地赠送给一位贵族，他就会把全部收入都花在养狗、养马、跟班、保镖、厨子和女仆上，他的家庭并不能比修道院培养出更多的平民。

一位家长所以把自己的女儿送进修道院当修女，通常都是因为子女太多，不胜负担；但古人倒有一个简便而更有效的办法，那就是：弃婴。这种做法十分普遍，然而古代的作者对这种令人发指的行径，根本避而不谈；偶尔提及并加以指责的人实在很少很少（塔西佗谴责过这种现象）。那位天性仁慈、心地善良的普鲁塔克[①]曾谈到帕加马国王阿塔罗斯的一件功德：为了把王位传给侄儿，阿塔罗斯把所有自己的孩了统统弄死，或者说（如果你愿意的话）全部抛弃，以此来显示他对哥哥尤迈尼的爱戴和感激之忱，因为当初他哥哥并没有把王位传给自己的儿子，而是传给了当弟弟的他。而通过立法允许当父母的可以弄死自己子女的，正是那位大名鼎鼎的希腊圣哲梭伦（见塞克斯都·恩披里柯卷三第二十四节）。

① 见《论手足之情》。辛尼加也赞成遗弃体弱有病的孩子。见《论愤怒》卷一第十五节。

那么，对于当僧尼和弃婴孩这两种异曲同工的情况，我们是否可以看作都是同样地不利于人类的繁殖呢？我怀疑古代的做法未必有利。只有按照一种古怪的因果论，古代人的野蛮行径或许倒可使那个时代的人口更多。打消了子女过多的担忧，就会推动许多人敢于结婚；而饮食男女乃是人类的本能，具有一股强大的力量，所以一旦临到紧要关头，相形之下，就很少有人能有足够的决心来实现自己原先的意图了。

中国是当今之世弃婴之风盛行的唯一国家，却是我们所知道的人口最多的国家。中国人不满二十岁就结婚。要不是他们有一种十分轻易的摆脱孩子的办法，早婚之风就根本不可能这么普遍。我承认，普鲁塔克说过，弃婴是穷人中普遍流行的准则，而在那个时代，富人倒是不乐意结婚的，因为一求婚，就难免要遇到一些觊觎得到他们遗产的人，所以在富人之间，社会情况准是糟得很[①]。

在所有的学科中，就数政治学，从一出现起，就最能搞欺诈。育婴堂似乎是有利于人口增长的，要是管理有方，严加控制，或许能起这样的作用。然而，要是育婴堂不加区别地对每个人都大开方便之门，可能就会起反作用，对国家有害。据统计，在巴黎，每生九个孩子，就有一个送育婴堂，但是根据人类社会发展的共同规

---

① 虽有近亲而仍将大笔钱财遗赠朋友的做法，无论在罗马或希腊，都是很普遍的。这可从卢西安(Lucian)的著作中看到。而今，这种做法已不太流行，所以本·约翰逊的《伏尔庑》几乎全是古代作者的摘录，更适合于那个时代的习惯。

不妨认为，罗马的离婚自由，是针对结婚泼的又一瓢冷水。这样做，非但不能防止性格不合的纠纷，反而使这类纠纷日益增多。有时纠纷是利害关系引起的，那就更加危险和有害。也许还应该把古代人的反常的性欲要求也一并加以考虑，这是有其一定的重要性的。

律，有一点似乎可以肯定：父母根本无力抚养教育的孩子是很少很少的。在育婴堂里培养出来的孩子，在体质、智力和品德各方面，同在自己家里养育的孩子相比，有天壤之别，这促使我们不要糊里糊涂随随便便跨进育婴堂的门槛。杀害自己的孩子是违反人的天性的，其中必有某种不寻常的缘故；但要一个人转而关心别人的孩子，则容易助长人类懒惰的天性。

以上考察了古代人的家内生活和习俗，只就本题而论，同现代相比，我们似乎基本上要优于古代人。下面我们将进而考察古今的政治惯例和制度，考虑它们的影响：是妨碍还是促进人类的繁殖。

在罗马人的势力崛兴以前，或者说在罗马进入全盛时期以前，构成古代史图卷的所有民族，都分裂成一个个的小邦或者较小的邦联。在那种情况下，财产自然是极为均等的，政治中心总是离国境线很近的。

这种局面，不仅在希腊和意大利，而且在西班牙、高卢、日耳曼、阿非利加以及小亚细亚大部分地区，也都是如此。必须承认，这种制度最有利于人类的繁殖。因为，一个人不管发多大的财，他不能比别人多消费，而必须分给所有伺候和跟随他的人；不过那些人的所有完全仰赖他人鼻息，他们不能像每个有一小笔财产、不依赖别人而有保障的人那样敢于想望结婚。此外，都市过于庞大也给社会带来危害，产生形形色色的罪恶和混乱；都市抬高粮价，使边远省份挨饿，甚至也使都市本身挨饿。要是人人都有一所小屋和一块土地，要是每个国家都有自己的首都，独立而自由，那是多么幸福的人间乐园啊！对于发展工农业，对于结婚和生育是多么有利啊！要是人类多产的能力不受贫困患难的束缚而得到充分的发挥，则将使每一代的人口翻一番；只有这种小邦联，这种平民之间的财产均等，才能赋予它较大的自由。所有的小国天生容易形成财产均等，因为它们不可能提供发大财的机会，至于小邦联，权力那么分散（而这正是这种小邦联的基础），那就更不用说了。

塞诺芬从举世闻名的居鲁士远征归来后（见《居鲁士远征记》卷七），他及其部下六千名希腊人受雇于色雷斯君主修塞斯，讲好的条件是：每个士兵每月一个大里克（daric），队长每人每月两个大里克，他自己是将军，每月四个大里克。这种军饷规定确实要使我们现代的军官们大吃一惊。

德谟斯梯尼和艾斯奇尼率领八名随员出使马其顿的菲利普，四个多月的出使费总共才一千个德拉克马，平均每位使者每天还不到一个德拉克马[①]。然而每天一个德拉克马，哪怕就算两个吧，也只是一个普通步兵的薪饷而已。

在波里比乌斯时代，罗马的百人队长的薪饷只是士兵的两倍（见卷四第三十七节）；因此我们看到凯旋归来颁发的退伍金也是根据这个比例规定的[②]。不过马克·安东尼和三执政发给百人队长的奖赏却为别人的五倍（见阿庇安《内战史》卷四）。公共福利的

---

① 见德谟斯梯尼《论假出使》。他把这称之为一笔可观的数目。

② 见李维卷四十一第七节、第十三节以及其他各处。

增长也使市民之间的均等相应增长①。

应该承认，在公民自由和财产均等问题上，现代社会的情况并不十分有利于人类的增长和繁荣幸福。差不多整个欧洲已划分为几个大帝国，所剩的部分则为诸侯小国，一般也为专制君主所统治；这些小国君主大都模仿大国君主，大兴土木修建宫殿，招兵买马扩充实力，弄得国内民穷财尽，民不聊生。只有一个瑞士，加上荷兰，像是保存着古代城邦共和国的遗风。瑞士虽然在土地、气候和商业方面根本没有什么得天独厚的有利条件，但它那稠密的人口——尽管有不少人外流到欧洲各地去当兵——却充分证明他们的政治制度是优越的。

古代的城邦，其主要的或唯一的保障，就在于其平民的人数的多寡。特拉奇尼人(Trachinians)在丧失大量人口之后，剩下的平民非但没有趁机侵吞死者的遗产发财，相反，却向宗主国斯巴达请求支援一批人口。斯巴达立即召集了一万人送去，当地的人就把死者所有的土地分赠给这些新来的移民(见西西里的狄欧多卢斯卷十二和修昔底德卷三)。

提摩利昂(Timoleon)在废黜了叙拉古国王狄奥尼修及平定了西西里之后，发现叙拉古和赛利努蒂的各个城市由于暴政、战争和内部倾轧而人口大减，就吁请希腊各地遣送移民来充实当地人口(见西西里的狄欧多卢斯卷十六)。立刻就有四万人(普鲁塔克《提摩利昂传》说是六万人)应召，他把大片大片的土地分给这些移

① 恺撒发给百人队长的退伍金为普通士兵的十倍。见《高卢战记》卷十三。后来在罗地安协议中提到，释放战俘的赎金，并不因其原来在军队中的职务高低而有所不同。

民，使得这些古代居民皆大欢喜。这就证明，古代政策的准则是：重人口而轻钱财；同时还证明，这种准则确实卓有成效，它使希腊这样的小国人口稠密异常，才能一举派遣这么多的移民。罗马早期的情况与此也没有多大两样。M.喀留(M. Curius)说，平民中凡有田七英亩[①]而仍不满足者，乃是害群之马。这种均等观不能不导致人口的大量繁殖。

接着我们得研究：古代人认为人口多有哪些好处，在政治准则和制度方面，他们受到哪些约束。对于每个人的经济境况一般都有种种补偿，这种补偿虽然不是一视同仁完全相等，但至少可以起到抑制兼并的作用。要对这些补偿办法，哪怕是同一时代的各个毗邻国家所实施的，作一番比较，并对其影响作出估计，的确是很困难的。可是，有关这一饶有趣味的课题，既然若干世纪以来除了古代著述家们所提供的一星半点的线索，完全是一片空白，我们也只好妄判是非，臆断曲直，以纠正种种考虑不周、牵强附会的论断。舍此而外，难道还有别的良策嘛？

I. 我们看到，古代城邦共和国总是烽烟连绵、战火不绝；这是它们的尚武精神、酷爱自由、争强斗胜的必然结果，也是彼此接壤的国家之间所常有的那种以邻为敌的仇视心理的必然结果。而战争对于小国的破坏要比对大国严重得多，其原因有二：一是小国一

① 见普林尼卷十八第三节。在同书第六节中作者又说：确实，给归化民以大片土地既贻害意大利，又波及各行省。尼禄皇帝屠杀他们时，六大家族正占据着半个非洲。按照这一观点，罗马早期的皇帝们所实行的野蛮屠杀，对于社会的破坏或许不一定如我们所想象的那么大。直到把所有在共和时代后期曾经享有过从世界各国掳掠来的财富的名门望族都赶尽杀绝他们才罢手。至于取而代之的新兴贵族就没有那么豪华阔绰，这一点我们可在塔西佗《编年史》卷三第五十五节中有所了解。

有战争，就得人人入伍参战；二是整个国家四面八方都是前线，无处不面临着敌人袭击的威胁。

古代战争所奉行的准则，其破坏性所以远远超过现代，主要原因是纵容士兵掳掠，坐地分赃。然而我们军队里的普通士兵也都是出身寒微的下等人，于是我们看到：他们除了菲薄的薪饷，此外一无所有，一见钱财，就互相乱抢乱夺，毫无纪律可言。现代军队里的士兵由于出身微贱家境贫困，所以对被入侵国家的破坏性较小，这种说法，不过是一切政治论证中无数一目了然纯属欺人之谈的又一实例罢了①。

古代的战斗，由于所使用的武器的性质，是十分残酷的。古代打仗把士兵排成十六到二十人，有时到五十人一列的纵深队形，构成一道狭窄的阵线；因此不难找到一块战场，供双方军队集结列阵交战。要是部队主力隐蔽在灌木丛、山丘、树林或洼地里，那就得等到这批生力军及时克服面前的困难投入战斗之后，交战双方才能最后决定胜负。由于整个军队是这样交战的，每个士兵与其对手捉对儿厮杀，这样的战斗一般都得兵刃饮血，是异常残忍的，双方的伤亡都很大，吃败仗的一方，损失尤其惨重。由于火器的使用，要求队形拉开为稀疏的散兵线，以及战斗一打响就能迅速分出胜负，使我们的现代战斗只是局部的接触，这样，出师失利的将军就得以将其大部分部队完整无损地撤出战斗。

① 古代士兵，凡是原来是自由民而又出身门第较高的，都是结了婚的。至于今天我们的士兵，不是被迫当光棍，便是即使结婚也对人类的增长不大起作用。这种情况也许应该看作是一种使古人占优的后果。

古代的战斗，由于颇似单人格斗，往往难分难解，时间一长，双方杀得性起，非拼个你死我活不可，这种狂热的劲头实为后世所罕见。在这种时刻，只有抓俘虏留作奴隶可以卖钱的念头，才能使他们肯留对手一条活命。根据塔西佗的记载（见《历史》卷二第四节），在内战时期，战斗尤为惨酷，因为俘虏不留作奴隶。

只要战败者一想到身临绝境、在劫难逃，就必然拼死作困兽之斗。既然战争的准则在各方面都是那么惨酷激烈，那么这种凶残之风又怎么能不根深蒂固呢？

在古代史上不乏这样的实例：城市被围困了，城里的人绝不开门乞降，他们先把自己的妻子和儿女杀掉，然后冲出去同敌人拼命，他们视死如归，只想给敌人一点报复也就瞑目了。不仅野蛮人，连希腊人也往往会产生这种狂热的劲头[①]。在那些彼此接壤、连年征战的小邦联之间，还有一些不太出名的事例，这种破釜沉舟和残酷搏斗的精神一直给人类社会造成极大的破坏。

普鲁塔克（在《阿拉提传》中）说，希腊的战争有时是采取突然袭击以及流寇和海盗劫掠的方式进行的。这种战争方式对小国所造成的破坏，必然要比最激烈的战斗和围攻更厉害。

《罗马法典》规定：两年的占有构成对土地的长期占有，而一年则为不固定占有（见《罗马法典》卷二第六节）；这就表明，当时的意大利也和如今的鞑靼人部落差不多，并不存在真正的秩序、安定和巩固的治安。

① 例如李维在卷三十一第十七、十八节中，波里比乌斯在卷十六中所谈到的阿毕达（Abydus），又如阿庇安《内战史》卷四所提及的汉锡安人。

就我所知，古代史上唯一的交换战俘协议，是在德米特里·波里奥赛特同罗狄安人之间签订的。协议规定：一个自由民的赎金为一千特拉克马，一个带武器的奴隶的赎金为五百特拉克马（见狄·西卡拉卷二十）。

II. 看来古代的风尚和惯例，无论在战争年代或和平时期，都不如现代的有利，除了酷爱公民自由和（财产）均等这一条，其他各方面也统统不足取法。这，我认为，相当重要。要想使一个开明政府完全排除派别门户之见，即使不说是根本办不到，也是十分困难的；不过，这种根深蒂固的派别门户之争，这种凶残血洗的准则，在现代，只存在于宗教团体之中。在古代史上，我们总是看到：一派胜利了，不论是贵族还是平民（因为在这方面我看不出有什么两样①），就立刻把落入他们掌握之中的反对派统统杀光，并把逃脱了这种大屠杀的幸存者全部放逐。根本没有任何程序、法律、审判或赦免。每一次动乱，都使一个城市的四分之一、三分之一甚或接近一半的人口惨遭杀戮或被放逐，而被流放者总是投靠敌国，对原来的同胞施加种种损害，直到命运之神通过一场新的动乱，赋予他们权力，实行全面报复。由于这类以暴易暴的统治频频更迭，当年的世界必然是一片混乱、分歧、猜忌和仇恨，对于这种局面，我们实在难以想象。

就我记忆所及，古代史上只有两次大变革没有产生过激烈的过火行为，没有发主过大屠杀和暗杀等流血事件。一次是塞

① 利西亚本人是平民派，九死一生，逃脱了三十执政的专制魔掌。可是他说，民主政治（这里指的是较为广泛的奴隶制民主政治。——译者）犹如寡头独裁一样，都是暴力统治。

拉席布腊(Thrasybulus)恢复雅典民主政治,另一次是恺撒推翻罗马共和政体。据古代史籍记载,塞拉席布腊宣布全国大赦,既往不咎,他第一个言行一致地把大赦的做法引入希腊(见西塞罗《菲利普》卷一)。然而,根据利西亚的许多演说[①],先前的暴政的主犯乃至某些从犯似乎仍受到审判而被处决。至于恺撒的宽厚仁慈,虽然相当出名,但要是拿到今天来实行,是不会博得热烈的掌声的。比如说,当他当上了尤蒂加的主宰之后,就血洗了整个凯托的元老院(见阿庇安《内战史》卷二),这些对手,毫无疑问,绝不是什么无名小卒。凡是拿起武器反对这个篡位者的人,一律被没收家产,并且根据赫蒂乌法律,被宣布为不能担任公职。

这些人都是酷爱自由的,只是看来还不十分了解什么是自由。当三十执政最初确立其统治时,是从逮捕所有在民主政治时期令人十分厌恶的谄媚者和告密者开始的,并且采取一种独断专横的判决和执行办法,把这些人处死。萨腊斯特(见《卡梯里那之乱》中恺撒的演说)和利西亚说[②],人人为这些人受到惩罚而拍手称快,殊不知自由也就从此消失了。

修昔底德在着力刻画所有希腊城邦之间倾轧内讧所造成的混乱局面时,充分表现了这位历史学家文笔的刚劲简练,以及希腊语言的词汇丰富生动传神。你会想象到,他虽绞尽脑汁,仍苦

① 例如,第十一篇演说《反对伊拉托斯特》,第十二篇演说《反对亚戈拉特》,第十五篇演说《赞成马普蒂希》。

② 见演说辞第二十四篇。同时。他还在第二十九篇演说辞中谈到,平民会议好闹派性,是这些非法处决所以令人不满的唯一根由。

于无法表达其无比丰富的思想。他在结束这一可悲的叙述时发表了一番精深透辟的见解："在这些角逐中，凡是十足的笨伯和地道的蠢货，凡是没有丝毫先见之明的人，往往占上风。因为这些人对自己的弱点颇有自知之明，唯恐上那些比他们高明的人的圈套，所以他们粗犷鲁莽，不讲究三思而行那一套，一言不合，拔刀相向，这样反倒使那些老谋深算的对手措手不及，屈居下风。"（见修昔底德卷三）。

至于老狄奥尼修斯（Dionysius the elder），那就更不用提了。（据普鲁塔克《亚历山大的古玩和财宝》一文中说）他曾蓄意残杀本城平民达一万余人。而阿加索克尔（见狄·西卡拉卷十八、十九）、那皮斯（见李维卷三十一、三十三、三十四）等人，则比他更残忍；即使在自由政治的条件下，处理也是杀人如麻，极端残暴，带有大规模毁灭的性质。雅典的三十执政和贵族，在十二个月之内，不经审判，就杀了平民约一千二百人，余下的平民，有一半被放逐[①]。在阿果斯（Argos），差不多与之同时，平民杀了贵族一千二百人，后来他们的领袖人物不肯进一步株连旁及，于是平民们又把这些人干掉（见狄·西卡拉卷十五）。科西腊的平民也杀掉贵族一千五百人，放逐一千人（同上书卷十三）。要是考虑到这些城邦都是小国寡民，这种屠杀规模就更令人震惊了。然而一部古代史却连篇

① 见西西里的狄欧多卢斯卷十四。伊索格拉底说，被放逐者只有五千人，而被杀者人数为一千五百人。阿雷奥普在《艾斯奇尼反对克坩锡封》中也说是此数。辛尼加《论灵魂平静》第五节说是一万三千人。

累牍写满了诸如此类的史实[①]。

当亚历山大下令让所有的流放者回到各自的城邦去时，结果发现总共只有两万人（见西西里的狄欧多卢斯卷十八），这些人可能是更大规模的屠杀的幸存者。在古希腊这样的小小国度里，杀人又何其多，实在骇人听闻！凡是派别斗争达到疯狂绝望的程度的城邦，又怎能避免形形色色的内讧、猜疑、偏私、报复、妒忌把这个城邦搞得乌烟瘴气、四分五裂呢！

伊索格拉底对菲利普说：如今要想在希腊建立一支军队的话，

① 我们将仅据西西里的狄欧多卢斯的记述，来谈谈在希腊全盛时代在六十年的过程中所发生的一些大屠杀。在西巴里（Sybaris），贵族及其追随者五百人被放逐，见卷十二第七十七页《版本校订者》。在查安（Chians），平民六百人被放逐，见卷十三第一百八十九页。在伊费萨，三百四十人被杀，一千人被放逐，见卷十三第二二三页。在西雷尼安，贵族五百人被杀，其余的全部放逐，见卷十四第二六三页。在科林西安，杀一百二十人，放逐五百人，见卷十四第三〇四页。斯巴达人法皮达放逐了五百名巴奥蒂人，见卷十五第三四二页。拉斯代莫尼覆亡后，民主派又在许多城市重新得势，效法希腊，对贵族实行严厉的报复。但是事情并没有到此结束。因为在许多地方，被放逐的贵族又卷土重来，在费阿拉、科林斯、迈加拉、费利阿什等地屠杀其对手。仅在费利阿什一地，就屠杀了平民三百人，但平民又起来反抗，杀掉贵族六百多人，其余的全部放逐，见卷十五第三五七页。在阿卡地亚，一千四百人被放逐，此外尚有不少被杀。被放逐者投奔斯巴达和帕兰提。帕兰提却把这批人又遣送回本国，结果全部被杀，见卷十五第三七三页。在阿果斯和塞贝斯的流放者中，有五百人参加了斯巴达的军队，同上书第三百七十四页。作者在这里也提供了有关阿加索克尔的最引人注目的暴行的细节；在他篡权以前，平民放逐了六百名贵族，后来，这位暴君伙同平民杀了四千名贵族，放逐六千人，见同上书第六四七页。他在盖拉杀平民四千人，见同上书第七四一页。他的弟弟在叙拉古放逐八千人，见卷二十第七五七页。在伊盖斯泰，当地居民被杀者达四万人，包括男人和妇孺；并对他们非刑拷打，勒索钱财，同上书第八〇二页。他的利比安军队的所有亲属，包括父亲、弟兄、子女和祖父，亦被杀，同上书第八〇三页。他杀死停止抵抗宣布投降的流亡者七千人，见同上书第八一六页。应该指出，阿加索克尔是个有胆有识、很通情达理的人，不应怀疑他会这样肆无忌惮违背他那个时代的准则，把杀人当作儿戏。

从流浪者中招募要比从各城邦招募容易。

即使不发生这种极端情况(事实上每个城邦在一百年当中总得发生两三次),按照古代政治的准则,财产也不是很安全可靠的。塞诺芬在《苏格拉底之宴》中对雅典平民苛政作了真切自然的描述。“我贫困时,”查米代说,“反倒比先前有钱时快乐得多,这就是说:在安全中要比在恐怖中,逍遥自在要比当奴隶,受人奉承要比向别人献殷勤,被信任要比受怀疑更快乐。先前,我得小心应付每个告密者,捐税接二连三地摊派到我头上;从来不许我出门旅行或离开本城。如今我穷了,身价反而高了,可以威胁别人。有钱人都怕我,对我优礼有加,毕恭毕敬,我成了城里的一霸啦。”(见第八八五页,《版本出版家》)

利西亚在一份起诉书(见《演说集》第二十九篇《in Nicom》)中轻描淡写地说,当雅典平民缺钱花时,可以把一些有钱人,不管是异邦人还是本地人,处死,没收其财物,这是雅典平民的一条准则。他在提到这一点时,看来毫无谴责之意,更不想惹恼听众和法官。

在平民中,不问你是本地人还是异邦人,似乎确有一种强迫手段:不是你自己变穷,便是别人使你变穷,而且说不定还把你杀了。上述的这位演说家还对收归公众所有的产业的用途作了大得人心的说明[①],即:三分之一以上用于街头演出和花式舞蹈。

① 为了使他的当事人受到平民的支持,他列举了他的全部花销:χορηγοζ(合唱队领唱)三十米那,男声合唱二十米那,ιισπυρριχισταιζ(庇立赫舞舞蹈者)八米那,ανδρασι χορηγων(合唱队队员)五十米那,κυκλικω χωρω(合唱歌词作者)三米那,七次牌楼试样,他花了六个塔兰特,纳税,一次三十米那,又一次,四十米那,γυμνασιαρχων(杂技教练)十二米那,χορηγοζ παιδικω χωρω(童声合唱队领唱者)十五米那,κομωδοιζ χορηγων(哀歌合唱队)|八米那,πυρριχισταιζ,αγενειοιζ(庇立赫舞童子)七米那,τριηρει αμιλλομενοζ(划

我没有必要硬说希腊的僭主政治一律都是惨无人道的。即使是混合君主政体——大多数古希腊城邦在实行共和政体以前都采用这种统治形式——也是很不稳定的。伊索格拉底说，除了雅典，几乎没有哪一个城邦的王位能够世袭继承到第四代或第五代。

古代君主政体之所以不稳定，固然有其种种明显的原因，其中，家庭遗产在弟兄间均分这一惯例，势必对国家的动荡不安，起推波助澜的作用。按照现行法律普遍实行的长子嫡传的继承办法，虽然扩大了财产的不平等，却有一种好的作用：使人们在国位继承问题上也养成同样的观念，剥夺了其他弟兄的一切权利和要求。

新开拓的殖民地希拉克利亚(Heraclea)发生内讧，立即向斯巴达求援，斯巴达派希里庇达(Heripidas)作全权代表去平息纠纷。此人一意孤行，对一切反对意见和抗议浪潮置若罔闻，他所采取的唯一措施是把大约五百名平民立即处死(见西西里的狄欧多卢斯卷十六)。这件事是一个有力的证据，说明在整个希腊这种暴力统治是何等根深蒂固啊！

艇竞赛者)十五米那，αρχηθιωρυζ(首席巡视员)三十米那，总计为十个塔兰特三十八米那。对于雅典人来说，这是一笔巨款，可以说是一宗大财。(见《演说辞》第二十篇。)他说，法律的确没有强迫他必须花这么多的钱，连四分之一也不消。不过，谁要是失去了平民的好感，身家性命就很不安全了，要想求得安全，这是唯一的不二法门。接下去参看第二十四篇《de pop. statu》。在另一处，他介绍了一位演说家的情况，这位演说家说他已经倾其所有，把价值八十塔兰特的大量家产全都花在平民身上了，见第二十篇演讲《de Prob. Evandri》。他还说，异邦人看到：要是他们舍不得大量花钱来满足平民的爱好，那他们总有一天会追悔莫及的，见第三十篇演说《斥腓力》。你还会看到：德谟斯梯尼在为自己辩护时，故意郑重其事地把他的这种花销炫耀了一番，见《论金冠》；他控告米达斯时，夸大渲染了米达斯在这方面的小气，顺便指出，这一切现象都是审判制度不公正的标志，然而雅典人还自命比任何其他希腊人在立法和行政方面正规。

要是在那个文明的民族中人性尚且如此，则号称野蛮的意大利、阿非利加、西班牙和高卢等地的人性也就可想而知了。否则，希腊人又怎么能自视甚高，认为自己心地仁慈，举止文雅，处事中庸，高于其他一切民族呢？这样推论是十分自然的。然而不幸的是，罗马早期的历史，如果我们认为那些流传到今天的记载可信的话，却提供了相反的结论。在格拉古兄弟被害以前，任何骚动从未发生过流血事件。狄奥尼修斯·哈利卡那索看到罗马平民在这方面所表现的奇特的仁慈，就把它作为一种依据论证说，这些平民是希腊血统；由此我们可以得出结论：在未开化民族的共和政治中，派别斗争和社会变革的残暴，比起上面提到的希腊的情况来，通常只能有过之而无不及。

如果说罗马人的内部斗争姗姗来迟，那么一旦登上这个流血的舞台，就要大斗特斗，加倍表演。阿庇安的《罗马内战史》记录了种种屠杀、流放、抄家等事件，惨绝人寰，骇人听闻。最奇怪的是，这位历史家似乎对这些野蛮行径颇为不满，字里行间时有流露，不像许多希腊历史家惯常的那样漠然视之，无动于衷[①]。

① 前面的引证均出自历史家、演说家和哲学家的著作，他们的陈述当然无可怀疑。相信玩世不恭的讽刺作者则是危险的。比方说，对于斯威夫特下面这番话，后人将作何猜想呢？“我对他说，我在颠列不王国（不列颠王国）旅游时，曾在当地人称之为朗顿（伦敦）的那个地方逗留过一段时间；那里的人，在某种意义上说，都是些包打听、目击者、告密者、控告人、检举人、见证人、骗子手以及他们的同伙和搭档，这些人打着大臣及其代理人的旗号，拿着他们的钱，听候他们驱遣。那个国家里的阴谋诡计照例都是这些人的杰作。”等等——见《格利佛游记》。这番描写对雅典的政治情况倒是挺合适的，但英国的情况并非如此，即使在现代，英国也是以仁慈、公正和自由而闻名于世。可是斯威夫特的讽刺，显然比其他讽刺作家都高明，照例是完全不必有具体对象的。他的友人和同道罗彻斯特主教于不久前曾受到起诉，被没收财产而放逐，这件案子的处理原是十分公正的，只是缺乏合法的证据，或者说没有严格遵循普通的法律程序。

一般地说，古代政治活动的准则，很少包含仁慈和中庸之道的因素，所以，对各个时期的暴力行为找出原因，加以说明，似乎是多余的。可是我还是要说，罗马联邦晚期制定的法律实在过于荒唐，迫使各派领袖人物不得不采取极端手段。由于废止了一切死刑，一个公民无论罪恶有多大，甚或无论他是一个多么危险的人物，按规定至多只能判处流放；在激烈的两派变法斗争中，就必然发生拔剑相向，私人报复的事件；法制一旦受到破坏，要想对这些血腥行为加以限制约束就不那么容易了。要是布鲁多(Brutus)当初战胜了三执政，难道他会持慎重态度而让屋大维和安东尼活命吗？难道他会满足于把他们流放到罗德斯岛或马赛利亚去，让他们在那里密谋策划新的暴动和叛乱吗？他把三执政之一的哥哥安敦尼处死，充分显示了他认识问题的洞察力。难道西塞罗不是也在罗马一切正直的有识之士的默认下，违反法律，未经审讯或其他程序，就把喀提林的同谋们处死了吗？要是他对他们减刑，不是由于他天性宽厚，便是出于局势的需要，难道不是这样吗？这便是一个自命为法治和自由政府的可悲的屏障！

这样看来，一种极端就会导致另一种极端。正如法网过严易于产生执法松弛的现象，宽大无边自然也会造成残暴和野蛮。要是我们万不得已而越出神圣不可侵犯的法律规范，这样做在任何情况下都是危险的举措。

在古代，各国政局之所以动荡不安、变故迭起，一个普遍的原因在于：确立贵族统治异常困难，平民的不满和闹事，哪怕是为了最微贱最贫穷的人被排斥在立法机构或行政机构之外的细故，也总是一触即发。自由民身份，本是与奴隶身份相对应的一种称号，指的是这样一些人，他们有资格享有全体国民所享有的一切权力和权利，梭伦法（见普鲁塔克《梭伦传》）并不排除自由民拥有表决权或选举权，只是规定某些行政职务须有一定的财产保证。然而平民对此始终不满足，直到梭伦法被废止之日。根据与安提佩特签订的协议（见西西里的狄欧多卢斯卷十八），凡是财产保证不足二千特拉克马（约等于 60 英镑）的雅典人，都没有表决权。这样的政府，虽然在我们看来是十分民主的，雅典平民却还是感到很不满意，有三分之二的平民立即离开了本国（见同上书）。卡桑德把这种财产保证金额压低一半（见同上书），平民还是认为这种政府是寡头独裁，受外国暴力政治的影响。

塞尔维·图里阿（见李维卷一第四十三节）改革后所制定的法律似乎是很公平合理的，它规定按财产标准划分权力等级，可是罗马的平民从来不肯俯首贴耳服从这种法律。

在当时，要么是严峻而多疑的贵族统治着臣民，要么是党同伐异、一片混乱的僭主民主政治，此外再没有第三条中间道路。在欧洲，这种过去从一个极端走向另一个极端的共和国如今个个都以公正、宽厚和安定而为世所称道，它们可与古代的马赛利亚、罗德斯或别的最有名的国家并驾齐驱，甚而超越它们。这些国家差不多都是十分温和的贵族政治。

III. 此外，在别的许多方面，古代国家也显得不如现代国家，无论是从人类的幸福或人口的增长的角度来考察。在古代，无论在什么地方，贸易、制造业和工业都没有今天的欧洲那么发达。古人的服装，不论男女，好像只有一种法兰绒的，一般为白色或灰色，极易变脏，需经常换洗。推罗继迦太基之后，成为地中海沿岸的最大商业都会，在它被亚历山大毁灭以前，本不是个强大的城邦，假如阿里安(Arrian)对它的居民情况所作的描述是可信的话①。一般认为，雅典曾经是个商业城市，但据希罗多德说②，雅典在米底战争之前及之后的任何时候，人口都很稠密；可是它当时的商业却极微不足道，正如这位历史家所说，希腊人像赫格勒斯的柱子一样，连邻近的亚洲沿岸地区也几乎见不到他们的踪迹；此外，他再也想不出有什么别的情况。

对钱币极感兴趣，热衷于贸易利润，都是一种绝对无误的标志，说明工商业尚处于幼稚阶段。我们读利西亚的演说(见第三十三篇《advers. Diagit.》)时看到，一般价值两塔兰特的货物，运到比如说从雅典到亚德里亚海沿岸这样的不远之处，就能获得百分之百的利润；而这并不是当作一种牟取暴利的例子提出来的。德谟斯梯尼说(见《反对 Aphob.》第二十五页，据阿尔定版)，安提多洛把一所房子租出去，每年收租金一个塔兰特，而为这所房子所付出的费用却为三个半塔兰特，因此这位演说家就指责自己的监护人把他的钱滥用乱花。他说："我的财产，在我未成年的十一年期间，应该增加两倍。"父亲留给他的那二十名奴隶，他算计值四十米那，这些奴隶每年劳动之利值十二米那(见同上书第十九页)。雅典最低的利息是百分之十二(因为还常有较高的利息)(出处同上，并参

① 见卷二。在围攻时期有八千人被杀，俘虏达五万人。狄奥多洛·西卡拉卷十七说只有一万三千人，他说，这个数目之所以小，是因为推罗人事先已经把一部分妇女和儿童转移到迦太基去了。

② 见卷二，他说市民人口总数为三万人。(按：希罗多德(Herodotus)，公元前484—前425年，古希腊历史家，著有《历史》九卷，西方史学家尊之为"历史之父"。——译者)

看艾斯奇尼《反对克坦锡封》),而且是月利。对于在罗马选举中大量奉送钱财所引起的高利息,姑且存而不论(Epist. ad. Attic. 卷四第十五函)。我们看到,弗雷斯在罗马内部斗争时期以前宣布:他留在共和派手里的钱,利息为百分之二十四;虽然西塞罗激烈反对这种条款,不过那倒不是因为它是盘剥过重的高利贷,而是因为在这种情况下规定利息,过去从未有过这样的先例(见第三篇演说《反对弗雷斯》)。实际上,罗马在建立帝国之后,利息下降了,不过无论怎么降,也不会像现代商业国家的利息那么低[①]。

自从莱斯德莫尼人构筑了德塞尼亚城堡后,雅典人深感不便,其中最主要的不便,据修昔底德说(见卷七)是:雅典人再不能打陆路,取道奥罗帕斯从埃维厄岛购运粮食,只得装船绕道森尼安岬。这里,水路运输的路程超过陆路一倍以上,这是一个说明古代航海技术不发达的惊人事例。

就我记忆所及,没有哪一位古代作者说过这样的话:城市的发展是由于制造业的创建。有人说商业造成繁荣,可是商业主要是把不同的土壤和气候条件下所生产的商品进行交换。据西西里的狄欧多卢斯说(见卷十三),往阿非利加贩运酒和食油,是阿格里琴托人发家致富的主要生财之道。西西里的狄欧多卢斯还在卷十二中提到:锡伯里斯城的地理位置是其人烟稠密的原因,该城构筑在克拉西斯和锡伯里斯河附近。不过我们看到,这两条河是不通航的,只能造成一些适宜于农业耕作的肥沃河谷,这种有利条件是微不足道的,一位现代作者根本就不会加以重视。

① 见《论利息》。

古代僭主的野蛮残暴、骄奢淫逸，使古代政治风云变幻莫测，这就必然会把所有商人和手工艺匠吓跑；要是这个国家是以工业和商业立国的话，则其人口势必大量减少。当残忍多疑的狄奥尼修斯进行大屠杀的时候，凡是没有土地财产羁绊住身子的人，凡是有一技之长可以到别的国家挣钱餬口的人，谁肯留下来继续忍受这种无法无天的暴行呢？菲利普二世和路易十四的苛政，使整个欧洲到处有弗兰德和法国的手工艺匠。

我承认，农业是芸芸众生不可或缺的重要行业，即使在手工业和其他技艺落后或不受重视的情况下，这一行业也有可能十分兴旺发达。今天的瑞士就是一个很突出的例子。在瑞士，我们很快就会发现：那里既有欧洲少有的经验丰富的老农，也有最拙笨的商人。我们有根据推定：希腊和意大利的农业，至少在它们的某些地区，以及在某些时期，曾经是很发达的；至于机械工艺是否也达到相应的高度，却并不被认为是十分重要的，特别是当我们考虑到在这些古代共和国里人们的财产是十分均等的。在古希腊和古罗马，家家户户有一小块份地，都得兢兢业业从事耕作以养家餬口。

诚然，在某些情况下，农业可以没有商业和手工业而照样发达。难道就可以因此而推论说，在任何国家，不问幅员大小，在任何时期，不论时间长短，农业都永远可以单独求得发展吗？毫无疑问，首先刺激其他各行各业发展，从而为农民出售其产品提供天然的市场，同时换回供其消遣和享受的商品，乃是刺激农业发展的必由之路。事实证明：这种办法屡试不爽，是放之四海而皆准的；正是由于现代政府比古代更为普遍地采取这种办法，才提供了一种佐证，说明今天的人口要比过去多得多。

塞诺芬说，人人都可以当农民，这不需要什么技巧和手艺，只要勤劳认真，不违农时就行。正如科鲁迈拉所暗示的，这充分表明，在塞诺芬时代，人们对农业的了解是十分肤浅而贫乏的。

难道我们后来的一切改良和革新，对于人类生活的舒适安逸，从而也对人类的繁殖和增长，统统不起作用吗？我们在机械方面的优越技术，极大地促进了商业扩展的新大陆的发现，邮政事业的创立，票据汇兑的使用，——所有这一切，都对技艺和工业的发展、人口的增长起了极大的作用。要是我们取消这一切，那会对各行各业造成多么大的障碍？会使多少人家马上失去衣食父母而成为饿殍？这些新发明，我们是无法用任何别的规章制度来取而代之的啊。

我们是否有理由设想：古代国家的法治情况完全足以和现代相媲美，或者说，古人在家也罢，出门也罢，水陆舟车，也和现代一样安全吗？对于这个问题，我无须多说，明眼人自有公论。

经过这样通盘的比较，要是再硬说古代世界的人口要比现代多，恐怕是很难自圆其说的。诚然，古人财产的均等、自由，以及每个人都有小块的份地，这些情况都有利于人口的繁殖；然而古代的战争是更为残酷和毁灭性的，古代的政治总是两派斗争激烈而更加不稳定的，商业和手工业是更为脆弱的凋敝的，法治则普遍地废弛无常。后面的这些不利因素已完全抵消并压倒了前面的有利因素，从而有力地支持了同一般流行观点唱反调的看法。

也许有人会说：没有理由反对客观事实。要是古代人口真的比现在多，我们满可以相信：那是我们的推论有错误，我们在进行比较时忽略了某种重要情况。这，我打心底里乐意承认，我们以上的全部论证，我认为是微不足道的，或至少是小接触，是不能决定问题的零星遭遇战。然而不幸的是，就连主要战斗——比较事实——也无法认为能完全解决问题。由古籍流传下来的事实，不是模棱两可，便是残缺不全，使我们无从获得任何明确的东西。情况就是如此嘛，难道还能不是这样？我们所不得不加以反对的有关现代国家人口统计数字本身，就远远不是确切和完全的嘛。一些颇有名气的作者用来估算人口的许多根据，也和希利奥卡巴拉皇帝的差不多。那位罗马皇帝为了标榜罗马的无比庞大，曾说罗马城里的蜘蛛网加在一起能有一万磅重（见伊利·普兰里特《希利奥卡巴拉皇帝传》第二十六节）。

必须指出，古籍所载的各种数字并不确切，其中以讹传讹之处较正文尤甚；其理不言自明：文本中其他各种脱漏衍误，往往造成文理不通的现象，故极易为读者和传抄者所察觉。

古代作者对任何农村地区很少提出过有充分可靠依据的人口数字，所以我们无法在足够大的范围里进行比较研究。

任何自由城市里的人口数字很可能本来是十分可靠的，因为市民们都参与政治，人数方面有精确的统计。不过奴隶的数目根本很少提及，这就使我们对城市的人口也同样感到十分模糊，不知道究竟有多少人。

在我看来，从修昔底德的第一页起，才是正史的开端。在此以前的一切记载，都大量掺杂着传说的成分，哲学家们应该尽量少引用，留给诗人和演说家们当作修辞手段吧。

有关远古时代的人口数量，其说往往荒唐可笑，完全不足凭信。在西巴里，能够拿起武器实际参加作战的自由公民为三十万人。他们在西阿格拉迎战克罗托那——另一个与他们接壤的希腊城邦——一支十万人的公民军,结果败绩。以上是西西里的狄欧多卢斯的说法(见卷十二),而且是一本正经十分严肃的说法。斯特拉波在提到西巴里的公民军人数时也是这样说的〔见卷四〕。

西西里的狄欧多卢斯(见卷十二)在谈到阿格里琴托被迦太基攻破夷为平地时,列举了当地公民的人数:平民二万人,移民二十万人,还不包括奴隶在内;在一个像他所描述的那样富裕的城市里,奴隶的人数起码也该有此数。照此说法,应该认为此城的总人数一定接近二百万之谱[①]。人口这样大量剧增,是什么道理呢?他们辛勤地耕种着周围的土地,面积不超过英国的一个小郡,他们把葡萄酒和橄榄油往阿非利加贩运,在那时,阿非利加是不产这些东西的。

提奥克里图说(《田园诗》17),托勒密统治着三万三千三百三十九个城市。我以为这数字的奇特说明是有所根据的。西西里的狄欧多卢斯(见卷一)确指埃及人口为三百万,则此数未免太小;不过他把城市的数目说成足一万八千个,则显然和前说有矛盾。

他说(见《田园诗》17),先前的人口原为七百万。经此一说,上古之世总是令人景仰赞叹的。

据说薛西斯的军队,人数极多,对此我倒是信以为真的;一方面由于他的帝国幅员十分辽阔;另一方面,东方国家的军队一向臃肿庞杂。然而,凡是有理智的人,又有谁肯援引希罗多德这番绝妙的记述当作自己立论的依据呢?我承认,利西亚对这个问题的论

① 狄奥琴诺〔见《埃姆佩多克利传》〕说,阿格里琴托只有八十万人口。

证（见《悼词》）是十分合乎情理的。利西亚说：要不是薛西斯军队的人数多得令人难以置信，那么他就绝不会在希莱斯邦特河上用他所有的大量船只架成一座浮桥，以利于他的人马迅速通过。

波里比乌斯说（见卷二），在第一次和第二次布匿战争期间，罗马人由于受到高卢人入侵的威胁，动员了本国的以及同盟国的全部，募集了一支七十万人的军队。这的确是一支浩浩荡荡的大军，要是把奴隶也包括进去，即使不说它比今天这样一块国土所能提供的人数为多，起码也不会比它少①。这个数字看来也是相当精确的，波里比乌斯还详细提供了种种具体说明。可是，难道没有这样一种可能性，即：为了鼓励士气，这个数字被夸大了？

西西里的狄欧多卢斯在卷二里又把这个人数说成是将近百万。这种说法上的前后不一致，是令人怀疑的。这位作者还坦率地承认，在他那个时代，意大利的人口并不太多，——这又是一个可疑之点。要说从第一次布匿战争到三头执政期间，意大利人口减少了，又有谁会相信呢？

据阿庇安的说法，尤利乌斯·恺撒与四百万高卢人交战，歼灭其一百万，俘获其一百万②。要是假定敌军的总数和被杀的人数是确凿的。（事实上是不可能的），那么，同一个人当过几次兵，或怎么辨别新兵和老兵，这些情况作者又从何得知呢？对于这种夸

① 提供这样一支军队的国家，按其当时的疆域，面积不超过意大利的三分之一，即今罗马教廷、托斯卡纳以及那不勒斯王国的一部分；也许在那个时代的初期，除了罗马或一些大的城邦，奴隶人数极少。

② 普鲁塔克在《恺撒传》中说：恺撒与三百万高卢人交战；朱里安《恺撒本纪》中却说是二百万。

大失当的估算，尤其是由于作者没有把这种估算的办法向我们说明白，根本不值得加以重视。

帕特考洛(Paterculus)(见卷二第四十七节)只把恺撒歼灭高卢军的人数说成是四十万，此说颇有可能，也更符合这位征服者在其《高卢战记》中所提供的作战史实[①]，其中最残酷的战役是同海尔凡提人和日耳曼人的大血战。

我们可以设想：有关老狄奥尼修斯生平和言行的一切记载是可靠有据的，并不是虚构夸张；因为，首先，他生活的那个时代正是希腊文学最繁荣的时代；其次，他的首席史官是菲利斯图，那是一位公认的伟大天才，又是那位君主的宫廷大臣。然而我们能否承认：他有一支常备军，拥有步兵十万，骑兵一万，以及由四百艘战舰组成的舰队呢？(见西西里的狄欧多卢斯卷二)我们看到，这支军队完全是雇佣兵，也像欧洲今天的军队一样，要靠薪饷来维持。因为所有公民都没有武器，所以当狄奥尼修斯后来讨伐西西里，号召本国同胞都来维护自己的自由时，他不得不自备武器分发给加入他的队伍的人(见普鲁塔克《狄奥尼修斯传》)。一个单纯发展农业的国家，有可能人口很多，要是把这些人武装起来加以训练，则一旦需要时，一支大军招之即来。然而要是没有大量的贸易和手工业，或没有广袤的领土，就绝对无法维持庞大的雇佣军队。各联邦行省从未雇佣过相传狄奥尼修斯曾有过的那样一支海军和陆军，

① 普林尼在卷七第二十五卷中说：恺撒常常夸耀说，死于反对他个人的战斗中的人数为一百一十九万二千人，这还不包括在历次内战中死亡的人数。要说这位征服者的计算能像他自诩的那样精确，那是不大可能的。按照史实，他所屠杀的海尔凡提人、日耳曼人和布里顿人有可能接近这个数目的一半。

虽然它们的土地是那么辽阔，农业相当发达，而且商业和手工业的资源也多得多。西西里的狄欧多卢斯承认，就在他那个时代，有关狄奥尼修斯军队的传说也显得不可信；这，依我的解释，就是纯属子虚；这种说法，或者是由于宫廷近侍们的刻意谄媚，夸大其词，或者也可能出于这位僭主本人的虚荣心和策略上的需要。

把古代的各个不同时期笼统地当作一个时期来看待，把古代作者所提到的大城市按照今天的情况来计算它们的人口，这实在是一种由来已久的通病。在亚历山大时代，西西里的希腊殖民地盛极一时，可是到奥古斯都时代，就大大衰败了，这个土地肥沃的岛上的物产几乎全部被运到意大利去消费（见斯特拉波卷六）。

现在，让我们来考察一下相传的古代各城市的人口情况。让我们姑且撇开尼尼韦、巴比伦和埃及的底比斯的人口不谈，而只限于研究真实历史，即希腊和罗马各国的人口情况。我得承认，对于古代人口据说十分稠密的问题，我越研究就越产生怀疑。

雅典，据柏拉图在《为苏格拉底辩护》里说，是个很大的城市；在当时，它的确是所有希腊城市中最大的一座城市①，只有叙拉古，在修昔底德时代（见卷二及普鲁塔克《尼西阿》传），规模与之不相上下，只是后来才超过了雅典。西塞罗提到雅典时②，把它说成是希腊当时各城市之冠；我猜想，他大概没有把安条克和亚历山大

① 阿果斯好像也有过一个大城市，因为利西亚曾十分满意地说它的规模不超过雅典。见《演说辞》第三十四篇。

② 见演说辞《反对维雷姆》，卷四第五十二节。斯特拉波在卷六中写道，该城方圆为二十二英里，不过我们得考虑，其中包括两个港口，一个港口非常之大，简直可以算作海湾。

里亚包括在内。阿铁那(Athenæus)说(见卷六第二十节),据德米特里·法勒留计算,雅典有公民二万一千人,异邦人一万名,奴隶四十万人。这一数据常常被某些人引用作为其论证的基本事实,不过这些人的见解我却不敢苟同。依我看,批评阿铁那及其所引证的克坦锡克尔在这个问题上弄错了,是十分中肯的。他们给奴隶的人数上多加了一个"0",实际上应认为至多只有四万人。

I. 据阿铁那的说法[①],所谓公民为二万一千人,只应被理解为指的是成年的男子。因为,第一,希罗多德说(见卷五),约尼安派来的使者阿里斯塔戈拉认为:欺骗一个斯巴达人难,而欺骗三万雅典人则易。这三万人之说是笼统地指整个城邦——不包括妇孺——出席民众会的人数。第二,修昔底德在卷八中写道:除去在海陆军中服役和屯边驻戍人员以及为这些军队服务的雇佣人员,雅典民众会的出席人数从未超过五千。第三,这位历史家所列举的[②]军队中的公民人数为重装步兵一万三千人,也证实了这种计算方法只指成年男子,所有的希腊历史家在确指一个城邦的公民人数时,普遍是这样计算的。既然这些人只构成总人口的四分之一,这样看来,雅典自由民的人数应为八万四千人,异邦人四万名,至于奴隶,按上面的最小数推算,又假定他们也以和自由民相同的比率结婚生育,则应为十六万人;三项合计总人口为二十八万四千人,此数已经相当不小。要是按另一种数字计算,总人口将达一百七十二万人,雅典的人口就超过了今日伦敦和巴黎两市人口之和。

① 德谟斯梯尼说是二万人,见《反对阿里斯塔戈》。

② 见卷二。西西里的狄欧多卢斯的计算完全与之相符,见卷十二。

II. 当时雅典只有一万户(见塞诺芬《备忘录》卷二)。

III. 据修昔底德的记述(见卷二),虽然城墙的长度很长(即:不算海岸有十八英里),塞诺芬却说城墙范围之内有大量旷地,这些城墙似乎确实把四个各自独立的小城镇连结成一片了①。

IV. 除了一次矿山奴隶的暴动外,历史家们从未提到过奴隶起义或类似的迹象(见阿铁那卷六)。

V. 据塞诺芬(《雅典共和国》)、德谟斯梯尼(《斥腓力》三)及普洛图(Plautus)(《斯提科》)等人的记载,雅典人对待奴隶极为温和宽厚,要是这种失调的比例真是二十比一的话,情形就绝不会是这样。试看我们今天的任何殖民地,这种比例之不均衡还没有这么大,然而我们已不得不对黑奴实行严厉的军事管制。

VI. 在任何国家里,要是一个人只拥有一份按国民人口平均分摊的财产,甚或三倍四倍于此数,绝不会被认为是富有的。有人计算,在英国,每个人每天花费六便士,要是有谁拥有五倍于此数的钱,别人还是认为他穷。提马丘,照艾斯奇尼的说法,一度家境小康,然而他只是个雇用十名奴隶的小作坊主。利西亚弟兄俩都是异邦人,因豪富而被三十执政放逐,然而他们只各有六十名奴隶。德谟斯梯尼继承了父亲的遗产而致富,其实也不过有奴隶五十二人。他那有二十名细木工的工场,据称是一个相当大的手工

① 我们该看到:当狄奥尼修斯·哈利卡那索说,要是考察罗马的古城墙,那么它的方圆看来并不比雅典城大时,他的意思准是只指阿克罗波利斯及主城。没有哪一位古代作者提到皮拉姆、法莱洛和莫尼奇亚可以同雅典相比。况且狄奥尼修斯所指有可能是:在西蒙及佩里克尔的城墙被破坏以后,雅典就不再同那几个城市相连属了。这种推想完全推翻了沃舍斯的全部推论,从而使计算合乎情理。

作坊。

VII. 在希腊历史家们所谓的狄克利亚战争期间,有二万名奴隶逃亡,使雅典人遭受沉重打击(见修昔底德卷七)。要是这两万人只是奴隶人数的二十分之一的话,就不可能说成是沉重打击,因为绝大部分奴隶还没有逃亡呀。

VIII. 塞诺芬提出过一种计划:由政府蓄养一万名奴隶。他说,凡是承认雅典在狄克利亚战争以前所拥有的奴隶数目的人都会相信,养活这一大批奴隶是完全有可能的。他的说法显然同阿铁那所说的四十万之数是大相径庭的。

IX. 当时雅典城邦的全部财产统计不足六千塔兰特。史籍所载的这个数目虽然常常受到批评家们的怀疑,其实却是无懈可击的;这,一方面由于德谟斯梯尼是这样说的,而且还提出了具体细节可供核实;另一方面,波里比乌斯(见卷二第六十二节)也作如是说并加以论证。一个普通的奴隶,照塞诺芬的说法,每天的劳动可以值一个奥博尔[1],除了维持其生活还能有余。塞诺芬还说,尼西亚的管事租用奴隶开矿,也得向奴隶主交纳同样数量的租金。要是按每人每天收取一个奥博尔,四十万奴隶,就照只买进四年计算,你要是认真推算一下,即使扣除雅典大量的传统节日不计,也会发现,这笔钱将超过一万二千塔兰特。此外,不少奴隶是有专门技术的工匠,他们生产的价值更要高得多。据德谟斯梯尼估算,他父亲的奴隶每人每天至少也能生产两个米那。根据这一假定,我承认,就算奴隶人数为四万,财产统计为六千塔兰特之说,也有点

① 古希腊小银币名称。——译者

难以与之相符。

X. 据修昔底德的说法(见卷八),希俄斯岛的奴隶比任何希腊城邦(斯巴达除外)为多。按与公民人数的比例看,斯巴达那时的奴隶要比雅典多。斯巴达城市居民为九千人,乡村为三万人(见普鲁塔克《莱克格传》)。照此推算,成年男奴当为七十八万人,奴隶总数则将超过三百一十二万人。这么多的人,像拉哥尼亚这样既无海外商业、土地又贫瘠的小邦是无法养活的。要是希洛人有那么多的话,那么修昔底德所提到的(见卷四)二千人被杀害一事就不会使他们如此激怒,大大削弱他们的力量了。

另外,我们得承认,阿铁那所说的人数[①],不论究竟应为多少,都包括阿提卡以及雅典的全部居民。据修昔底德说(见卷二),雅典人酷爱田园生活,在伯罗奔尼撒战争期间,为了抵御外侮,所有的人都被召进城里,城里容纳不了,没有住处,他们只好在门廊和神庙里栖身,甚至露宿街头(见修昔底德卷二)。

在希腊其他的城邦里也都有类似的情况。在提到公民人数时,我们必须理解为:这包括城市及附近农村的全体居民。但是必须承认,即使这样打折扣,希腊仍不失为一个人口稠密的国家。国土这么狭小,土地又不是那么天生的肥沃,吃粮还得依靠从外地输入,而人口居然这么密集,实在令人难以设想。除了雅典要从本都

① 这位作者还宣称:科林斯一度有过四十六万名奴隶,伊基那有四十七万。但前述论证有力地批驳了这些纯属无稽之谈的不可能的数字。然而值得注意的是,阿铁那的后一个数目却是引自亚里士多德这位大权威的记述,而且引自品达(Pindar,约公元前522—前442年,古希腊底比斯诗人——译者)的例证在谈到阿基那的奴隶人数时,其说亦同。

(Pontus)购买粮食外,其他城邦在粮食方面好像也主要依靠邻国[①]。

罗德斯是个以商业发达著称的城邦,有过辉煌的全盛时期。当它受德米特里围攻时,却只有六千公民能够拿起武器(见西西里的狄欧多卢斯卷二十)。

底比斯一向是希腊的重要城邦之一(见伊索格拉底《节日演讲》)。然而它的公民人数也不比罗德斯城邦多[②]。按照塞诺芬的说法,弗利亚希(Phliasia)是个小城邦(见《希腊史》卷七)。我们却发现它有六千公民(同上书卷七)。这两种说法,我总觉得无法统一起来。也许塞诺芬所谓弗利亚希是个小城邦,是指它的势力小,

① 见德谟斯梯尼《反对莱普特》。据海关登记簿册记载,雅典人每年从本都输入四十万普式耳的粮食。这构成雅典粮食进口数量的一大半。顺便说一句,这有力地证明:阿铁那上面那段话里有重大谬误。须知阿提卡本身就十分贫瘠,所产粮食尚不足养活农民自己。见李维卷四十三第六节。四十万普式耳根本不够十万人一年的口粮。卢西安(Lucian)在《船只或祈祷》一文中写道:一艘船,据他所说的尺寸大小似乎相当于我们今天的第三等级的船只,所载运的粮食,是供阿提卡全体居民一年食用。也可能雅典在那时已经衰败,再说,相信这类信口开河的数字实在太不保险。

② 见西西里的狄欧多卢斯卷十七。当亚历山大攻打底比斯时,我们可以有把握地推想:几乎全体居民都在城里。凡是熟悉希腊人特别是底比斯人精神的人绝不会怀疑:在国家面临空前灾祸和苦难的时候,他们当中会有人弃国遁逃。当亚历山大猛攻破城之后,所有持兵刃抵抗者,统统被处死,无一幸免。殉难者一共只有六千人,其中还有一些异邦人和被释奴隶。被俘者,包括老年男子、妇女、儿童及奴隶,统统被卖为奴隶,总数为三万人。我们可以据此推想:底比斯的自由公民,包括男女老少,为将近两万四千人,异邦人和奴隶约为一万二千人。由此可见,这后两种人的比例要略低于雅典。这道理是不难设想的:雅典是个海外商业发达的城邦,所以要多蓄奴隶,而文化生活的丰富则招徕了更多的异邦人。同时必须指出,这三万六千人是底比斯城乡居民的总和,应该承认这是一个不大不小的数目,是以无可辩驳的事实为依据的,对于今天的争论,一定具有举足轻重的分量。而上述罗德斯城邦的人口数,也是指该岛所有能拿起武器的自由民人数。

入盟当了斯巴达的附庸;或是指它所辖的农村地区较大,大部分公民都从事农业而住在四周的村镇上。

马提尼亚的规模同阿卡狄亚的任何城邦都差不多(见波里比乌斯卷二)。因此,它和迈加洛波利斯一样,城墙周长为六又四分之一英里(见波里比乌斯卷九第二十节)。可是马提尼亚只有三千公民(利西亚《演说辞》第三十四篇)。由此可知,希腊城市除了屋舍,往往包括田畴和菜园;因此,我们不能根据城墙的长度来推算这些城市的大小。雅典只有一万户人家,其城墙连同海岸总长超过二十英里。叙拉古城周长达二十二英里,可是从来没有哪位古人说它的人口比雅典多。巴比伦城占地十五平方英里,城墙周长六十英里,可是,据普林尼说,其中包括大量的耕地和围场。虽然奥雷利安的城墙周长为五十英里[①],但据帕皮鲁斯·维克托的说法,要是把罗马全部十三个区的周界剔除在外,也就只有四十三英里左右。一有外敌入侵,全体居民就带着牲畜、家具以及农具撤进城圈之内,那高耸的城墙,只消用少数人把守,严阵以待,就足以保护他们的安全。

塞诺芬说[②],斯巴达是希腊人口最少的城邦之一。然而波里比乌斯却说(见卷九第二十节),斯巴达城周长四十八斯塔狄亚(stadia,约合六英里——译者),是圆形的。

在安提帕特时代,除去少量屯边戍卒,能够拿起兵器的伊索利安人,总共只有一万人(见狄·西卡拉卷十八)。

---

① 见沃皮斯卡《奥雷利安传》。

② 见《拉西德莫尼亚共和国》。这一段记述不容易和上引普鲁塔克的说法相吻合。据后者说,斯巴达有九千公民。

波里比乌斯告诉我们（见《出使》），阿卡亚联盟可以轻易地一举派遣三、四万人，这个数目看来是很有可能的，因为这个联盟囊括了伯罗奔尼撒半岛的大部分地区。可是波萨尼亚在谈到同一时期时却说（见《Achaicis》篇），凡是能拿起武器的阿卡亚人，就连被释奴隶也算上，总共不到一万五千人。

帖撒利亚人在被罗马最后征服以前的各个时期，始终政局动荡，派争不息，一片混乱①。所以不能认为希腊世界的这个地区的人口会很多。

修昔底德告诉我们（见卷七），并入派罗斯的那部分伯罗奔尼撒地区是一片荒芜的原野。希罗多德写道（见卷七），马其顿境内到处有狮子和野牛出没，这类野兽只能生活在广袤无垠、人迹罕至的大森林里。以上是希腊世界两个最为突出的实例。

被保勒斯·伊米留斯卖出去的所有伊庇鲁斯居民，包括男女老少、穷人和富人，总共只有十五万人（见李维卷十四第三十四节），可是伊庇鲁斯城邦的面积却为约克郡的两倍。

贾斯汀告诉我们（见卷九第五节），当马其顿的腓力二世被宣布为希腊联邦的领袖时，他召集所有城邦开了一个泛希腊会议，只有斯巴达拒绝参加；他发现整个希腊的兵力据估算为步兵二十万，骑兵一万五千。这个数目应被看作能够拿起武器的公民总数。希腊各城邦是没有雇佣兵的，军人与全体公民之间没有绝对的区分，因此不能设想还有什么别的估算办法，说希腊人曾经使用过这样一支大军，或在希腊维持过这样一支大军，——任何这类说法，都

① 见李维卷三十四第五十一节。柏拉图《克里托篇》。

是违反史实的。根据这一前提，我们可以推算如下：希腊自由民，包括男女老少，总数为八十六万人；奴隶人数，参照前述雅典奴隶数来估算，假定奴隶极少结婚或成家，则其人数应为成年男性公民的两倍，即四十三万人。古代希腊的总人口，不包括拉哥尼亚[①]，为一百二十九万人。这个人口数目不算很大，也没有超过今天的苏格兰——一个疆域不太大、人口不多不少的国家的人口数。

下面我们要考察一下罗马和意大利的人口情况，并把在古籍中分散出现的种种战斗场景全部汇集起来。总的说来，我们将发现：要想在这方面确立一种见解是十分困难的；同时，也没有理由支持那些为现代作者们老是喋喋不休地宣扬的种种夸大了的数字。

狄奥尼修斯·哈利卡那索说(见卷四)，古罗马城的城墙长度和雅典差不多，只是其郊区的村镇绵延不绝，简直就分不清哪里是城市的尽头，哪里是农村的开始。这位作者〔见卷十〕以及尤文那尔〔见《讽刺诗》卷三第269、270行〕和其他古代著述家[②]还说，罗马有些地方，屋舍很高，由几户人家分层合住。这可能是只指贫穷的公民而言，而且只有少数几条街区是如此。要是根据小普林尼

① 即斯巴达。——译者

② 斯特拉波在卷五中写道：奥古斯都皇帝禁止房屋的高度超过七十英尺。在卷十四的一段记述里，他谈到了罗马的房屋都相当高。同时参阅维特拉夫尤卷二第八节。诡辩家阿里斯泰德在其演说《罗马》中说道，罗马是由市镇摞市镇构成的，要是把它全部伸展开，可以覆盖整个意大利。要是一位作者热衷于用夸张的手法对某个问题滔滔不绝地大谈特谈，那么我们就无从知道他的话究竟有几分真实性。无论如何，下面的推论似乎是很自然的：要是罗马城的建筑布局真像狄奥尼修斯所说的那样分散，绵延伸展到乡村的话，那么一溜两行尽是高楼大厦的街道必然是很少的。只有空地不足时，人们才不得已而搞这种不方便的建筑。

对他自己的宅邸的描述[①]以及巴托利的古代建筑设计，我们可以推知，达官贵人们所住的是宽敞的宫殿，他们的宅邸颇似今天中国的建筑物：都是独院平房，所不同的只是，罗马贵族较喜欢长列的廊柱作为装饰，甚至还在城市里植树造林[②]。我们也许不妨让伏修斯（虽然没有任何理由要这样做）按他自己的方式来诵读一下老普林尼那段脍炙人口的文章[③]，只要不承认他由此得出的华而不

① 见卷二第十六函及卷五第六函。诚然，普林尼在这里所描写的是座乡村庄园宅邸。不过一旦古人认定这是一种宏伟壮观、方便实用的建筑，达官贵人势必仿效，也在城镇上时兴起来。辛尼加在谈及富人及酒色之徒时说："他们正赶赴辽阔的农村。"见书简集第一一四函。瓦莱留·马克辛在卷四第四节谈到辛辛那提的四英亩土地时写道："奥古斯都如今认为自己住得很堂皇，他的房子显得像以前秦齐纳杜斯的别墅一样显眼。"同时参阅卷三十六第十五节及卷十八第二节。

② 见维特拉夫尤卷四第十一节。塔西佗《编年史》卷十一第三节。修顿《屋大维传》第七十二节等。

③ 罗马建城后 828 年时，罗马城周长十三英里二百步，环居着维斯巴辛皇帝的众统帅、监察官。罗马城由七座山环抱，分为十四区，包含二百六十五个交叉路口。在接近罗马广场中心处，建立了一个以同样距离通到每个城门的总里程碑，这些城门今天说是三十七个，也有人说是十二个，有七个是早已不存在并被前辈遗忘了的。这样，罗马的街道全长为30,775 步。从这个总里程碑到各统率营第的尽头，途经各大道的市镇，距离约为七万余步。因此，如果有人把这些建筑物的高大也考虑进去，确实应该有这样的评价，罗马城的宏伟在全球是无与伦比的。（见普林尼卷三第五章）

所有最完善的普林尼著作手抄本都有上面这段引文，并确指罗马城墙周长为十三英里。问题在于：普林尼所说的 30,775 步究竟是指什么而言的？以及这个数字是怎么得来的？我想象中的格局是这样的：罗马是个周长十三英里的、呈半圆形的城市。广场以及总里程碑坐落在泰勃河的两岸，处于这半圆形的中心附近。罗马虽有三十七个城门，但只有十二个城门有大道直通总里程碑。可见普林尼在指出罗马城周长后，明知这样还不足以使人们对该城的平面情况有明确的概念，才进一步采用这个方法的。他假设：从总里程碑通向十二个城门的这些街道排成一条直线，又假设我们沿着这条线走，把每个城门都走一遍，在这种情况下，他说，全线总长为 30,775 步，换句话说，即每条街或者说半圆的半径，平均长度为两英里半，罗马的全长为五英里，宽约为长度的一半，零星分散的村镇不计在内。

实的结论的话。

在奥古斯都时代，接受政府分配口粮的公民是二十万（据安卡拉纪功柱所载）。我们本来可以把它当作相当有根据的数字，但伴随发生的一些情况又使我们产生怀疑和动摇。

佩尔·哈多因对这段话也同样理解为：把罗马的若干街道联成一线，其总长为30,775步。可是接着他又假设从总里程碑到这三十七个城门之间都有大道直接相通，因此每条街道的长度不会超过八百步。然而，第一，要是一个半圆形的城市的半径只有八百步，则其周长绝不会像普林尼确指罗马那样，达十三英里，而半径如为二英里半，则其周长大致接近此数。第二，要是假设城周的每一座城门都有大街直通市中心，则这些街道势必最后要互相干扰，这种假设显然是荒谬的。第三，这种假设未免把古罗马城的宏大规模给过分地缩小，使它连希里斯托或鹿特丹都不如了。

伏修斯在《异闻录》里对普林尼这段话的理解却失之千里，走向另一极端。有一个抄本毫无根据地把罗马城墙的周长从十三英里说成三十英里。伏修斯的理解是：这仅指周长的曲线部分，假设泰勃河为直径，则此一带肯定不修城墙。然而，第一，这种解释公认是几乎与所有抄本的记载相反的。第二，普林尼行文洗练，怎么竟然会连用两个文句重复说明罗马城墙的长度呢？第三，为什么这种重复有十分明显的不同？第四，要是这条线的丈量与总里程碑无关，那么普林尼两次提到总里程碑，这又作何解释呢？第五，据沃皮斯卡说，奥雷利安的城墙范围宽广，曾把泰勃河北岸的所有建筑物和村镇都围进去过，可是其方圆只有五十英里。论者对此也表示怀疑，以为文本中当有衍误脱漏之处，因为现存的城墙，一般认为从奥古斯都到奥雷利安时代没有改变，都不超过十二英里。罗马城不可能从奥古斯都传到奥雷利安手里就变小了。它依旧是这个老大帝国的首都，而且在那段漫长的历史时期里也没有发生过任何内战，除了马克辛和博尔比那之死所引起的骚动对这个城市有过影响之外。倒是卡拉卡勒，照奥雷留的说法，曾经把罗马城扩建过。第六，找不到古建筑的遗址足以说明罗马的确具有这么大的规模。伏修斯对这一缺陷的答复看来是荒谬的，他说废墟已经沉陷到地下六七十英尺的深处。据斯巴提安说（见《塞维里传》），在城里发掘出了一块拉维卡那大道五英里的里程碑。第七，奥利姆皮奥多拉和帕布留·维克多都说：罗马的房屋在四万到五万幢之间。第八，这位评论家以及利普修所得出的夸大的结论本身（如果这些结论是必然的话），就摧毁了他们赖以立论的基础：他们说，罗马有一千四百万居民，而整个法国，据他的计算，只有五百万人，如此等等，不一而足。

是不是只有穷苦公民才领取配给口粮呢？当然，这主要是为了周济他们的。不过西塞罗却说（见《吐斯库隆论丛》卷三第四十八节），富人也可以领一份配给口粮，也没有人认为富人申请配给口粮有什么不光彩或耻辱。

配给口粮究竟发给谁呢？是发给每个家族的家长呢，还是发给每个男人、妇女和孩子？配给的标准是每人每月五诺底（nodii）[①]，约等于六分之五普式耳。这些粮食要是发给一个家庭则嫌太少，发给个人却又太多。因此，有一位治学谨严的考古学家推测：这是发放给每个成年男人的；不过他又表示这个问题尚待探讨。

申请配给口粮的人是否住在罗马境内，这种调查是否很严格？还是只要申请人本人按月去领取配给就可以了呢？这后一种情形似乎更有可能[②]。

有没有浮报冒领的呢？有人说（见修顿《Ful》第四节），恺撒一次就取消了十七万人的配给，因为他们没有正当的资格，而是混进去的，不过他要想完全杜绝这类弊端是根本不可能的。

最后，关于奴隶同这些公民之间的比数，我们究竟应该确定为

（接上页）对于普林尼的这段话，我们以上所作的解释，其唯一不足之处就在于：普林尼在提出罗马有三十七个城门之后，只对七个老城门的封闭说明了原因，而对其余的十八个城门并无片言只语作过交代。从这些城门通出的街道，依我看，不到广场就终止了。不过普林尼的文章是写给罗马人看的，他们对这些街道的位置了如指掌，所以他理所当然地会以为这些情况是人所熟知的，也就毫不奇怪了。也有可能，在这些城门中，有不少是通向河畔码头的。

① 李齐里乌斯根据撒路斯梯乌斯的历史片断，卷三。

② 尼各老乌斯·贺敦西乌斯论罗马粮务。

多少？这是个最重要、也是最难确定的问题。雅典是否也能建立起一套罗马那样的统治，是颇令人怀疑的。有可能雅典的奴隶较多吧，因为他们雇用奴隶从事手工业生产，而这却是罗马这样的都城所没有的。可是在另一方面，考虑到罗马人的崇尚奢侈，十分富庶，说不定罗马的奴隶要多些。

在罗马保存着精确的死亡人口登记册，不过还没有哪位古代著述家提供过殡葬的人数，只有修顿在《尼禄传》里告诉我们，在一个季节里就有三万人被送进利倍蒂那神庙，不过这是一次瘟疫流行时期所发生的事，不能作为任何推论的可靠依据。

政府分配粮食虽然只发放给二十万公民，对整个意大利农业的影响却相当大（见修顿《奥古斯都传》第四十二节）[①]。这个事实，使现代学者在有关古罗马人口问题上所作的某些偏高的假设，很难自圆其说。

关于古罗马城究竟有多大的问题，我所能找到的最佳的推测依据是：据希罗狄安说（见卷四第五节），安条克和亚历山大里亚同罗马不相上下。又据西西里的狄欧多卢斯的说法（见卷十七），在亚历山大里亚，有一条笔直的大街沟通两个城门，全长达五英里；亚历山大里亚城的长度要比宽度大得多，因此它的格局和大小看

① 为了不过多地占用平民的从业时间，奥古斯都下令：配给粮一年只发放三次。然而平民认为按月发放比较方便（据我看，这构成他们家庭的一种比较固定的收入），希望恢复原规定。见修顿《奥古斯都传》第四十节。只要没有从别的地方来的人到罗马领取配给粮，奥古斯都的谨慎未免有点多余。

来颇似今日之巴黎[1]，而罗马则可能同伦敦相仿佛。

在西西里的狄欧多卢斯时代（见卷十七），亚历山大里亚城有三十万自由民，我以为其中包括妇女和儿童[2]。可是奴隶有多少人呢？要是我们能有充分的根据确定奴隶的人数与自由民相等的话，这将有利于前面所谈的估算。

希罗狄安有一段话是有点儿令人吃惊的。他肯定皇帝的宫殿同全城的其余部分一般大小[3]。这指的是尼禄的金宫，修顿[4]和

① 昆图·堪蒂乌说，当初亚历山大建此城时，城墙周长为十英里，见卷四第八节。曾经到过亚历山大里亚的斯特拉波和狄奥多洛·西卡拉都说，该城长不到四英里，最宽处约一英里；见卷十七。普林尼说它有点像马其顿教士穿的法衣，四角向外伸展；见卷五第十节。虽然亚历山大里亚的面积看来不过中等大小，西西里的狄欧多卢斯在谈到当年亚历山大为该城所圈定的范围时却说非常之大；其实，据亚米亚那·马赛林那说（见卷二十二第十六节），该城从未超出过上述范围。他认为它超过世界上所有城市（他并没有把罗马排除在外）的理由是：它有三十万自由民；另一条理由是：他说它的君主税收所得达六千塔兰特。即使我们考虑到钱币的价值差异，这种收入也是空前的。至于斯特拉波，则只谈到这个毗邻国家居民密集。难道我们就不能毫不夸大地断定：河的两岸，从格拉夫森德到温德索，整个是一个城市？这种说法，要比斯特拉波所说的马罗蒂湖沿岸以及通向卡诺帕的运河两岸，又近了一步。意大利有一句俗话：撒丁尼亚国王在皮埃蒙特只有一座城市，因为它整个儿就是一个城市。阿格里巴在《若瑟论犹人依库斯战争》卷二第十六节中，为了让自己的听众领会亚历山大里亚像他所极力推崇的那样规模宏伟，也只是提出了当年亚历山大所圈定的建城范围。这就明确地证明：那里有大量居民，那个毗邻国家的情况也只能是像所有大城市一样：人口众多，繁荣昌盛。

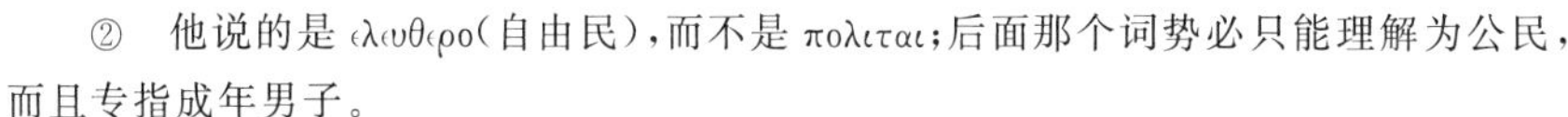

② 他说的是 ελευθερο（自由民），而不是 πολιται；后面那个词势必只能理解为公民，而且专指成年男子。

③ 见卷四第一节“全城”。波利提安对这解释为：“高大的殿宇和城市的其他部分。”

④ 他在《尼禄传》第三十节中说，全宫的长廊长达二千英尺：“其宽广如此，游廊竟长达三千步”。他不可能是指三英里。因为整个宫，从帕拉丁到爱斯奎林，总长还不到三英里。所以沃皮斯卡在《奥雷利安传》里提到萨鲁斯特花园里的长廊时称之为“千步廊”，这应该理解为一千英尺。所以贺拉西也写道：“没有一个私人能享受长达几十步的朝北的长廊的阴凉。”（卷二《颂歌》十五）另外在卷一《讽刺诗》8 英里也说：“它临街长千英尺，纵深三百英尺。”

普林尼确实都说它屋宇复叠，庭院深广[①]；但不管想象力怎么丰富，我们也无法想象它有伦敦城的几分之几。

我们可以看到，要是一位历史家老是记述尼禄的奢侈挥霍，要是他刻意渲染，一味以辞章见胜，久而久之，就成了老生常谈，味同嚼蜡；因为这种浮夸的笔法极容易在不知不觉中改变一位著述家的文风，哪怕原来的文风是最质朴最严谨的。在这里附带提一笔，希罗狄安只是在记述盖泰和卡拉卡勒之间的争吵时才提到这一点的。

这位历史家还说(见卷二第十五节)，那时有大量旷地都未加以利用；他对帕提那克斯大加颂扬，因为他准许人人都可随便开拓耕种这些土地，不论是在意大利境内或其他地方，一律蠲免赋税。莽莽原野，无人开发！这种说法，据我所知，在克里斯坦丹是听不到的，除非在匈牙利的某些边远地区。这与那种认为古代人口异常稠密的论断肯定是大相径庭的。

据沃皮斯卡的说法(见《奥雷利安传》第四十八节)，在伊达拉里亚也有很多未开垦的肥沃土地，奥雷利安皇帝曾想把这些土地开拓为葡萄园，以便让罗马人能喝上无偿供应的葡萄酒，这是一个非常得当的措施，可以使首都及其周围地区的人口进一步减少。

我们不妨留心读一下波里比乌斯的下列记述(见卷二十一第二节)，他谈到，不但在希腊，而且在托斯卡纳和伦巴第，也有为数众多的牧猪奴，并对当时的饲养方法作了一番介绍。“在整个意大

① 见普林尼卷三十四第十五节。“我们再次见到全城满是王公们的，卡尤斯和尼禄的馆舍。”

利，尤其是在较远古的时代，从伊达拉里亚到山后高卢，到处都有大批的牧猪奴。一个猪倌都放牧一千头甚或更多的猪。要是在放牧的过程中，一个猪倌的猪群遇上了另一个猪倌的猪群，互相混杂在一起了；猪倌们想使猪群分开的办法只有一个：各人站在不同的地方，吹响号角；这些牲畜听惯了那种信号，便循着号音各个奔向自己的主人。至于在希腊，要是不同的猪群偶然在树林里混了群，那个猪群较大的猪倌就狡猾地乘机把全部猪群都领走。有些觅食的猪离群走远了，小偷就顺手牵羊把它偷走。”

根据这段记述，不就可以推想；在那个时代，整个意大利北部以及希腊的人口要比现在稀少得多，土地的垦殖情况也远远不如今天？要是一个国家到处有那么多的围场，农业十分发达，庄园星罗棋布，阡陌纵横，葡萄园和米粮田犬牙交错，猪倌们又怎么能一大群一大群地放牧呢？我得承认，波里比乌斯所描写的情况，倒颇似我们美洲殖民地的经济现状，而不是欧洲国家今天的经营方式。

在亚里士多德的《伦理学》中[①]，我们遇到过这样一种见解，它似乎对任何假设都是解释不通的，只能说，它对本文的推想倒是一种最理想的证明，你休想再有别的更好的证明。这位哲学家在论述友谊时说，这种关系既不应局限在极少数人之间，也不应无限扩大到人尽可友的程度，为了发挥这一见解，他使用了下面的论证：“正如一个城市，要是其人口少得只有十人或多达十万之众，都无法生存一样；同理，朋友的人数也要有一个适中的限度，过多或过少，都会破坏友谊的实质。”嗨，一个城市哪能有十万人口呢！根本

① 见卷九第十节。他所使用的字眼是“居民”，而不是“公民”。

不可能嘛！这不就是说:亚里士多德从未见到或听说过一个城市能有那么多的人口吗？我得承认:敝人对此实在百思不得其解。

普林尼告诉我们(见卷六第二十八节),塞留希亚——希腊帝国在东方的政治中心——据称有六十万人口。迦太基的人口,据斯特拉波的说法(见卷十七),曾达七十万。如今北京的人口也不见得格外多很多吧。伦敦、巴黎和君士坦丁堡的人口可能与之相仿佛,这后两个城市肯定不会比它多。罗马、亚历山大里亚、安条克的人口情况,前面已经讨论过。根据古往今来的历史经验,不难推想:任何城市,超越比例的人口大量增长是不可能的。不论一个城市的鼎盛是由于海外商业还是武功赫赫,似乎冥冥之中自有一种无形的障碍阻止其进一步发展。许多大君主国的首都,由于奢侈享乐,靡费无度,游手好闲,醉生梦死,再加上等级门第的虚荣观念作祟,是不适宜于商业的发展的。而商业发展所引起的一切劳动和商品的价格上涨,又反过来束缚了商业的发展。只要巨大的宫廷依然是无数豪富的贵族们的天下,中等阶层就始终卜居外省的城市,凭仗他们的中等收入就可成为当地的头面人物。要是一个国家的版图十分庞大,在边远省份必然出现许多大都会,除了当官作宦的以外,所有的居民都涌向那里,或为求学深造,或为追逐财富,或为娱乐消遣①。伦敦,由于发达的商业和中等的霸权相结合,已经变得无比庞大,也许没有哪个城市再能超过它。

假如以杜佛或加来为圆心,以二百英里为半径画一圆,就把伦

① 罗马帝国时期的亚历山大里亚、安条克、迦太基、以弗所、里昂等就是这样的都会。而今天法国的波尔多、图卢兹、第戎、雷恩、奥什以及英国的都柏林、爱丁堡、约克等城市,情况亦复如此。

敦、巴黎、荷兰、诸联合行省以及法国和英国的一些最发达的地区都包括在内了。但在古代，没有哪一块同样大小的土地，会有这么多人口稠密的大城市，会有这么多的财富和居民，我以为，这样说保险栽不了筋斗。

选取古今两个不同时期中，在技艺、知识、文明以及治安等方面情况最好的国家加以权衡对照，看来是最妥当的比较方法。

拉贝杜博说，意大利如今的气候要比古代温暖。“罗马编年史告诉我们，”他写道，“罗马建城后 480 年冬严寒，树木冻死。罗马城的泰勃河结冰，地面积雪四十天不融。杰文纳尔在描写一个迷信的妇女时（见《讽喻诗》第六首），说她砸开泰勃河的坚冰净身：

她将敲碎冰块下到寒冬的河里，
用清晨的泰勃河水再三净身。

他说那条河封冻是常事。贺拉西也有不少段文字暗示罗马街道一片冰雪的情景。要是古代人懂得使用温度计的话，关于这个问题，我们就会得到更多的确证；不过古代著述家即使不用它，也给我们提供了足够的佐证，使我们相信：罗马现在的冬天要比过去暖和得多。现在，罗马的泰勃河也像开罗的尼罗河一样，不再结冰封冻了。要是积雪两天不消融，要是看到朝北的喷水池龙头上挂着几根冰凌四十八小时不化的话，罗马人就认为是隆冬严寒了。”

这位精细缜密的评论家的观察，亦可适用于说明欧洲其他地方的气候变化。要是照西西里的狄欧多卢斯对高卢气候的记述（见卷四），谁又能料到今天的法国的气候竟会那么温和呢？“由于地处北方，”他写道，“寒威肆虐，凛冽异常。阴天，并不下雨，而是大雪纷飞；晴天，河面冰冻三尺，不但可以走单身行人，就连携带全部辎重

的大军也可浩浩荡荡地通过。在高卢有许多河流，如罗纳河、莱茵河等，几乎全都封冻，在行人往来的河面等处通常撒上秫秸，以防滑倒。”“比高卢的冬天还冷”，被皮特罗纽当作谚语使用。亚里士多德说过，高卢气候之冷，能冻死毛驴（见《论繁殖牲畜》卷二）。

在塞文山脉的北麓地带，据斯特拉波说（见卷四），高卢不产无花果和橄榄，栽上葡萄也结不出成熟的果实。

奥维德说，在他那个时代，黑海（the Euxine Sea）每年冬天封冻；他的说法是严肃认真的，他曾指名道姓地上书给几位罗马总督，请他们核实他的论断[①]。这种情形，在奥维德曾被流放囚禁的托密地区如今已很少见，或根本就不存在了。这位诗人的牢骚像是抱怨天气太冷，这种严寒，如今的彼得堡或斯德哥尔摩人也几乎没有经历过。

有一位名叫杜纳福的普罗旺斯人，在游历了这同一个国家之后却说，世界上没有比这更好的气候；他断言，奥维德所以有这种满目凄凉之感，完全是由于心情忧郁造成的。不过诗人奥维德所提供的情况无比翔实，以上述原因来解释是根本站不住脚的。

波里比乌斯说（见卷四第二十一节），阿卡地亚的气候很冷，空气潮湿。

瓦罗说（见卷一第二节），意大利的气候是欧洲最温和的，而内陆地区（毫无疑义是指高卢、日耳曼以及潘诺尼亚）则“简直四季如冬”。

西班牙北部地区，照斯特拉波的说法（见卷三），所以人烟稀

① 见《悲歌》卷三，哀歌第九首。《海滨寄语》卷四，哀歌第七、九、十首。

少，唯一的原因是天气太冷。

要是以上这些说法没错，那么，这就是说，欧洲比过去暖和了，我们又如何解释这种现象呢？这显然只能用下列假设来说明：当今之世，拓荒垦殖有了更大的发展，大片的森林被伐掉，遮挡阳光的浓荫减少了；舍此别无其他解释。我们在北美的殖民地，也在随着树木的采伐而逐渐变暖[①]，不过总的来说，人人还是感到：无论在北美还是在南美，气候仍比欧洲同纬度地区要冷得多。

据科鲁迈拉引述（见卷一第一节），萨瑟那声称，在他那个时代之前，天空层次发生过变化，大气变得更暖和，因此，有很多先前因气温太冷不能种植葡萄和橄榄树的地方，如今都大量种植了。这种变化要是当真，就是一种不言自明的标志，说明在萨瑟那时代以前，乡村地区的垦殖有所发展，人口也有所增长[②]，要是这种变化一直延续到今天，那就证明：在世界的这一部分，这些有利条件始终在不断地发展着。

现在让我们统观所有在古今历史舞台上出现过的国家，把它们的今昔情况作一对比，恐怕不会找到什么根据可以抱怨说：今天的世界是那么空旷和荒凉。在梅立特的笔下（我们要感激他为我们提供了最精彩的描绘），埃及的人口是异常稠密的，但他认为这个人数已经有所减少。叙利亚、小亚细亚以及北非诸国，我可爽快地承认，比起古代的情景，它们都衰败而荒芜了。希腊人口的减少也是很显

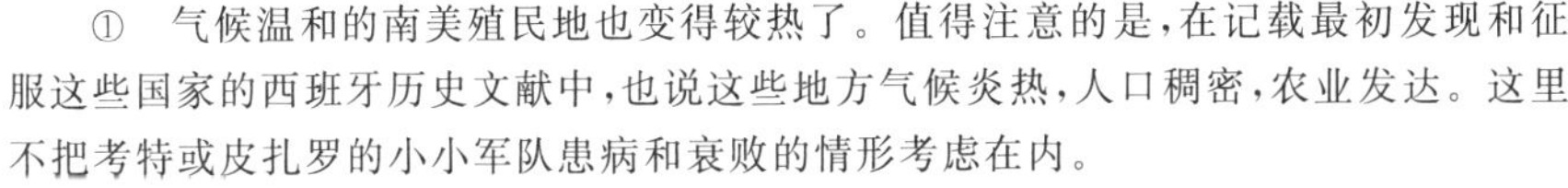

① 气候温和的南美殖民地也变得较热了。值得注意的是，在记载最初发现和征服这些国家的西班牙历史文献中，也说这些地方气候炎热，人口稠密，农业发达。这里不把考特或皮扎罗的小小军队患病和衰败的情形考虑在内。

② 他似乎活到小阿非利加那时代。见卷一第一节。

著的。至于如今欧洲人称之为土耳其的那个国家，其人口是否也一般地比不上它在希腊全盛时期的人口，那就有点儿难说了。那时的色雷斯人，好像也同今天的鞑靼人一样，靠游牧和劫掠为生①；盖特人还处于半开化状态②，伊立里人的情况也一样③；——这些民族占这个国家的十分之九；土耳其人的统治虽说并不十分有利于工业的发展和人口的繁殖，但至少可以使居民过和平而有秩序的生活，那当然要比古代那种残暴动荡的局势要好得多。

波兰和莫斯科的人口在欧洲来说是不算稠密的，不过比起不习稼穑、只靠游牧为生的古代萨马提亚和西昔亚肯定要多得多。在丹麦和瑞典也可观察到类似的现象：数不清的人流从北方涌入欧洲，然后转辗流徙欧洲各地。绝不可把这种现象看作反对这个见解的理由。要是一个民族整个地、或者哪怕是其半数人口，大举迁移，就不难想象：他们必然形成一股无比强大的人流，他们的袭击必然剽悍勇猛、不顾一切地拼命；他们所到之处，一片恐怖，在他们想来，这样会使那些被侵略的民族闻风丧胆，害怕他们的勇敢和强大。苏格兰，既无广袤的国土，又无众多的人口；不过要是有一半的苏格兰人成群结伙外流寻觅新的聚居地，他们就会形成像条顿人和辛勃里那样声势浩大的流浪民族，到处漂泊；就会震撼整个欧洲，如果欧洲的防御力量还像先前一样并无改进的话。

日耳曼今天的人口肯定要比古代多出二十倍。据恺撒④、塔

① 见塞诺芬《长征记》卷八，波里比乌斯卷四第四十五节。

② 在奥维德的著作中到处可见。又见斯特拉波卷七。

③ 见波里比乌斯卷二第十二节。

④ 见《高卢战记》卷六。

西佗[①]和斯特拉波卷七的记述，在那时，日耳曼人不事耕作，每个部落都以自己所在地的极目荒凉自豪。这就证明：要是没有和平、秩序和勤劳的精神，小邦割据本身是不会使一个国家人口增长的。

古代英国的未开化状态是大家都熟知的，它那时的人口稀少也是不难推想的。这一方面是由于愚昧落后，另一方面是由于希罗狄安所提到过的情况（见卷三第四十七节）：自从罗马移民在那里统治一百多年以后，即使到了塞维鲁时期，整个英国还是一片沼泽。

不难设想：古代的高卢人在谋生的技艺方面要比他们的北方邻邦高明得多，因为他们曾到这个岛上接受特鲁伊德人的宗教和哲学方面的技艺教育[②]。据此，我认为，那时的高卢人不会有今天的法国人那么多。

要是我们真的相信阿庇安和西西里的狄欧多卢斯的说法，并把这两种说法结合为一体，我们就得承认高卢人口众多，尽管那数字是令人难以置信的。阿庇安说[③]，高卢境内有四百种民族；狄·西卡拉则说，高卢境内最大的民族有二十万男子，妇女儿童不计在内，最小的民族也有五万男子。要是折中计算，我们就得承认：高卢全境约有二亿人口；这个数字，在今天看来也是够庞大的，虽然在这块土地上如今存在着不下二十个国家[④]。由于浮夸不实，这种估算也就完全丧失了权威价值。我们知道，财产均等是古代人口众多的一个原因，可是在高

① 见《论日耳曼习俗》。

② 见恺撒《高卢战记》卷十四。又，斯特拉波卷七说，高卢人的情况同日耳曼人差不多。

③ 见《高卢史（片断）》I。

④ 古代高卢的范围比今天的法国大。

卢之间,这种财产均等却是见不到的〔出处同前引书。〕他们内部,在恺撒时代以前,也总是互相攻伐,争战不休(见卷四)。所以斯特拉波说[①],高卢全境虽已开垦,然而这种垦殖却是这样漫不经心,根本不讲究农业技术;这个民族的秉性养成了一种重武备而轻百工的风气,直到罗马人来奴役才使他们保持太平。

恺撒专门提到[②],比利时为了对抗他的征服,征集了一支大军,人数达二十万八千。这还不是能够拿起武器作战人数的全部,因为这位历史家还告诉我们,贝洛瓦西人本可以一次投入十万人作战,不过他们只使用了六万人。总起来看,按照这个十与六之比的比例计算,比利时诸城邦士兵的总数约为三十五万,居民总数为一百五十万。而比利时约为高卢的四分之一,所以高卢可能有六百万人,这个数目还不到它目前人口的三分之一[③]。据恺撒说,高卢人没有固定的土地财产;要是某个家庭里有人死亡,族长就把这个家庭所有土地重新分配给其成员。这便是人们所说的"塔尼斯特里"风俗,曾在爱尔兰长期流行,致使这个国家长期处于愚昧落后和一片荒凉的悲惨境地。

---

① 见恺撒《高卢战记》卷六。

② 见《高卢战记》卷二。

③ 据恺撒的记述,高卢人没有家生奴,奴隶是由平民构成的一种不同社会等级。所有的平民百姓实际上统统是贵族的奴隶,就像今天的波兰老百姓那样;一个高卢贵族拥有这类隶从有时竟达一万人。我们也毫不怀疑:军队是由两部分人组成的,既有贵族,也有平民。一个很小的国家能够召集一支由十万名贵族组成的大军。赫尔凡提亚的士兵构成居民总人数的四分之一,这就清楚地证明:所有到了当兵年龄的男子都已从军。见恺撒《高卢战记》卷一。

不妨指出,恺撒评述中的数字,比起任何别的古代著述家来,都更可信赖,多亏有了希腊文译本,这个译本流传下来了,这样,就可以和拉丁文原著互相参校。

古代的海尔凡提亚，据恺撒说〔见《高卢战记》卷一〕，长二百五十英里，宽一百八十英里，却只有三十六万人口。如今伯尔尼州一个州的人口就有这么多。

依照阿庇安和西西里的狄欧多卢斯这样估算，我不知道我是否可以断定现代的德国人口要比古代的巴塔维多。

西班牙比起三百年前的盛况也许是衰落了，但要是我们退回到两千年前，看到西班牙人无休无止的骚乱动荡，我们很可能倾向于认为：现在的人口要多得多。许多西班牙人在被罗马人解除武装后愤而自杀(见李维卷三十四第十七节)。据普鲁塔克说(见《马里传》)，抢劫掠夺，在西班牙人心目中是一种荣耀。赫提乌(Hirtius)对恺撒时代的西班牙情况也抱有同样的看法(见《论西班牙战争》)，他说，为确保人身安全，人人都得住进城堡或有围墙保护的镇寨。直到奥古斯都最终征服西班牙，才把这种混乱局势平定下来(见凡列乌斯·柏特尔库罗斯，卷二第九十节)。斯特拉波(见卷三)和贾斯丁(见卷四十四)有关西班牙的记述，也和上面提到的完全吻合。我们看到，杜里(Tully)在把意大利、阿非利加、高卢以及西班牙逐一进行比较时提到：西班牙人口多是使这个国家变成难于对付的一种特殊因素。那么这一说法究竟能在多大程度上削弱我们的古代人口稠密论的观点呢？①

① “我们不是凭人数众多而战胜西班牙人，也不是因为气力大而打败高卢人，也不是靠机灵胜过迦太基人，更不是因为学术高明而征服希腊人，终究也不是靠这个民族和这块土地上的家乡观念战胜了族中的意大利人和拉丁人。”(《论预言者的解答》第九章)西班牙的混乱似乎一直是众所周知的：“你也不怕身后的伊比利亚人。”(见维琪尔：《农耕诗篇》卷三)所谓“伊比利业人”显然是一种诗人的比喻，泛指一般盗贼。

意大利很可能已经式微了，然而它究竟还有多少大城市呢？威尼斯、热那亚、帕维亚、都灵、米兰、那不勒斯、佛罗伦萨、里窝那，这些城市在古代究竟是根本不存在呢，还是在当时渺小得不足称道呢？要是对这个问题进行思索研究，我们决不可像现在有些人那样，贸然下结论，把问题推向极端。

当一些罗马著述家抱怨说，意大利原来是个粮食出口国，现在却连日常口粮也得依赖各个行省，他们从未把这种变化归因于意大利人口的增加，他们强调农业耕作被忽视是其原由[①]。这是进口粮食免费供应罗马平民的有害做法的自然结果，也是任何国家繁殖人口的一种极为糟糕的办法[②]。马休尔和朱文诺（均为古罗马讽刺诗人——译者注）常常谈到小竹篮[③]，它是由大贵族定期应用，以招待那些依附他们的小贵族，这种活动必然造成一种趋势，使平民中滋长一种懒惰放荡和日益堕落的坏风气。如今英国的教区救济也有同样的恶果。

假如要我确定这样一个历史时代，在那个时代，我设想欧洲的人口或许有可能比现在为多的话，我就得把它确定在图拉真和安敦尼时代。因为在那个时代，幅员辽阔的罗马帝国已经文明开化，

① 见瓦罗《论农业》卷二自序，科鲁迈拉序。修顿《奥古斯都传》第四十二节。

② 通过拉贝杜博的观察，应该承认，意大利现在的气候比过去要暖和些，其结果不能不是人口较多，耕作较好。要是欧洲其他国家的原始森林和原野较多，从那里吹来的冷风就会影响意大利的气候。

③ 原文为 sportula，指古罗马贵族用以分施钱、粮给他们保护下的平民的小竹篮。——译者

垦殖发展，国内外长期和平，不动兵刀，社会安定，统治平稳[①]可是有人说，所有版图广阔的政府，尤其是君主极权政府，都是残害百姓的，都包藏着隐蔽的罪恶和毒害，足以摧毁所有这一切外表上的欣欣向荣，产生不利的后果（见《论法的精神》卷二十三第十九节）。为了进一步证实这一点，可以引述普鲁塔克的一段话（见《论失灵的神谕》），由于他说得有点过于简单，我们将在这里加以探讨。

这位作者在致力于说明许多宣示神谕的祭司销声匿迹的原

① 在高卢被纳入罗马版图，高卢人被迫放下武器从事农业和过文明生活以前，马赛的居民们在商业和机械技术方面始终比高卢人高明。见斯特拉波卷四。这位作者在好几处反复评述了罗马技艺和文明所引起的改进，他所生活的时代，正是这种变革刚刚出现、比较容易觉察得到的时代。普林尼也是这样说："因为谁不认为全球性的联合、罗马帝国的强大改进了生活，由于商品交换、欢快和平的交往现在也使一切过去未被发现的东西，成了普遍实用的东西。"（见卷十四前言）"由神意选出的意大利，她使其天空更为明亮，使分散的权力集中，驯其民性，通过贸易使许多言语粗野不睦的人聚首交谈，给人以人性；不久即在世界上把各民族统一起来，而成立了自己的国家。"见卷二第五节。在这方面最奇特的说法莫过于特图利安（Tertullian）的下列论述，他和塞维鲁大约是同时代人。"现在这个世界的日子显然比往日更为繁荣、开化。一切已经开放，一切都公开，一切皆是纷纭匆忙。从前最媚人的庄园的有名僻静处皆已绝迹，耕地制住了丛林，家畜赶走了野兽；竞技场相连，碑石遍竖，池水澄清，昔时无茅舍处，如今尽是市镇。群岛已不惊，众礁亦不惧；到处是房屋，到处是人，处处有公共事业，处处有生活。群众是无上的见证，我们对世界感到负担过重，初步的成就难于使我们满足；面临众人的急需与怨诉，此时自然不能使我们停步不前。"见《论灵魂》第三十节。这段文字中所使用的夸张雄辩笔法，或多或少削弱了它的权威性，不过还没有到完全毁灭的程度。这个评价也同样适用于下面一段论述，那是一位生活在阿德里安时代的诡辩家阿里斯泰德说的。"整个世界，"他向罗马人发表演说时说道，"似乎在普天同庆，人类摘下原先佩带的宝剑放在一旁，开始宴饮作乐。各个城市忘却古代的宿恨，只保持一种竞争，这种竞争会带来各式各样的技艺和装饰；到处兴建剧院、圆形竞技场、圆柱门廊、沟渠、神庙、学校、学院；你可以万无一失地宣布：沉沦的世界，又被你的繁荣昌盛的帝国擎托起来了。非但城市得到不断的装饰和美化，整个大地也像一座天堂里的花园，打扮得花团锦簇，以致那些住在你的帝国范围之外的人（这样的人为数不多）似乎值得我们同情和怜悯。"

因时说，这也许是由于过去兵连祸结、派争不息，使得今天的世界如此荒凉。他又说，落在希腊头上的这种普遍灾难，要比所有别的国家都重，以致现在希腊全境简直无力提供三千名武士，可是在米底战争期间，仅米加拉一城就提供了三千武士。所以，爱好庄严和高贵德行的诸神就把自己的许多神谕闷在心里不讲了，再说，对于一个人数这么少的民族，也用不着那么多的使者来传达神的旨意。

我得承认，这段话里包含着大量的疑难，我简直不知道该怎么理解。你会看到，普鲁塔克把人类衰败的原因不是归结到罗马人的开拓疆域，扩大版图，而说成是先前的好些国家彼此间的攻伐争霸；而这些国家又一个个都被罗马人用武力平定了。这样看来，普鲁塔克的论证，同根据他先前所谈的事实得出的推论，恰恰相反。

波里比乌斯认为，在建立起罗马人的统治之后，希腊变得更加

（接上页）值得注意的是，虽然西西里的狄欧多卢斯把在罗马征服者统治下的埃及说成是只有三百万人口，可是尤瑟夫在《犹太战争》卷二第十六节却说，在尼禄统治时期，埃及居民，不包括亚历山大里亚的居民，为七百五十万人。而且，他交代得很清楚：这个数字，他是从征收人头税的罗马收税人的账册上摘录下来的。斯特拉波在卷十七中赞扬罗马人对埃及财政管理有方，大大超过埃及先前的一些君主，对于一个民族的幸福来说，最重要的政府部门莫过于财政了。可是我们在阿铁那——他在安敦尼统治时期十分活跃——的著述中却看到：位于亚历山大里亚附近的、原来是个大都会的马里城早已衰败而沦为一个村庄了。严格地说，这不是一种自相矛盾的说法。（修达·奥古斯特说，奥古斯都皇帝对整个罗马帝国进行了调查统计，结果发现：总共只有四百一十万一千又十七名男子。）这里一定有某种巨大的差错，不是作者笔误，便是传抄有讹。这种根据尽管脆弱，却足以纠正希罗多德和西西里的狄欧多卢斯对远古时代记述中的夸大失实之处。

繁荣昌盛了[①];虽然在这位历史家著书立说的时候,这些征服者还没有从人类的庇护者堕落为掠夺者,可是由于我们看到塔西佗写道(见《编年史》卷一第二节):嗣后,皇帝的严令切责纠正了总督们的恣意妄为;我们也就有理由认为:对外扩张的君主国并不像一般人所设想的那样祸国殃民,遗患无穷。

据斯特拉波说(见卷八及卷九),在他那个时代,罗马人出于对这个大名鼎鼎的民族的尊重,对希腊人原来的权利和自由,大都予以保留,后来尼禄又进一步恢复了这些权利和自由[②]。因此,我们又怎么能设想:罗马人的统治会是压得希腊人喘不过气来的枷锁呢?(罗马派出的)地方总督的压迫是受到监督控制的。在若干城市里,地方行政机构是通过希腊公民自由投票产生并委以全权的,竞选人根本不必在朝伴驾讨取皇帝的欢心。要是当地豪杰之士想凭学问和口才——这可是他们本国的"土特产"呵——到罗马去猎取高官厚禄,其中很多人都会爵禄双收,荣归故里,从而使整个希腊更加富庶。

然而普鲁塔克却说,希腊人口的普遍减少比任何国家都明显。这同对希腊人优礼有加、另眼相待的说法又怎么能对得上口径呢?

再说,那番话尽管说得天花乱坠,可是事实胜于雄辩。整个希腊只有三千人可以携带武器!这种奇谈怪论又有谁能相信呢?特

---

① 见卷二第六十二节。或许有人设想:既然波里比乌斯仰承罗马鼻息,自然要对罗马统治大加颂扬。然而,第一,综观波里比乌斯之著述,虽不免时有拘谨之处,却看不到阿谀奉承之迹象。第二,这种看法,只是他在探讨别的问题时,顺便提及,一笔带过;同时,要是有人怀疑作者言不由衷,那么必须承认,这些拐弯抹角的论述,比起他那些冠冕堂皇的表面文章,更能揭示作者的真实观点。

② 见普鲁塔克《论受神惩罚较迟的人》。

别是，假如我们考虑到以下事实的话：希腊的大量历史名城至今犹存，而且在比普鲁塔克出生早得多的著述家们的笔下屡屡出现。要是古代希腊全境简直连一个城市也没有，那么今天那里的人口一定会猛增十倍。这个国家的农业还是相当不错嘛，要是西班牙、意大利或法国南部一旦发生粮荒，它还能保证提供粮食哩。

根据卢西安的记载（见《论雇佣兵的薪饷》），希腊人节俭的古风和财产均等的习俗，在普鲁塔克时代依然存在。既然如此，也就没有任何根据可以设想：那个国家只掌握在少数奴隶主手里，而大量的人都是奴隶。

诚然，在罗马帝国建立以后，希腊人认为军事训练对他们毫无用处，也就武备不修、完全废弛了。要是这些过去十分好战、逞雄争霸的希腊国家还为每个城邦维持一支小小的城市警备队的话，它们的职责也只是维护治安防止暴乱而已；这些警备队员的人数，在希腊全境，也许不足三千名。我以为，要是普鲁塔克能亲眼看到这个事实就好了：他任这里搞错了，他所提出的原因根本与结果不符，是十足的谬论。一位作者陷入谬误竟然会到这步田地，岂非咄咄怪事[①]？

---

① 恕我直言，普鲁塔克关于祭司销声匿迹的那番议论，一般说来，行文十分古怪，与他的其他作品迥然不同，简直令人不知如何判断才好。文章是用对话体写的，这种体裁，普鲁塔克不大爱用。所设人物，均极粗鄙可笑，言谈议论，前后矛盾，破绽百出；就其虚无缥缈、语无伦次来看，倒像是柏拉图的手笔，没有普鲁塔克平铺直叙、简洁明了的风格。通篇文字弥漫着迷信色彩和轻信气氛，这同作者在其他哲学著述中所体现的精神是格格不入的。必须指出，普鲁塔克作为历史家，虽然也像希罗多德和李维一样，带有迷信色彩，可是在整个上古时代，除了西塞罗和卢西安，又有哪位哲学家不迷信呢？因此我承认，从这篇对话引证的普鲁塔克这段议论，在我看来，其权威性大大不如他的其他篇什。

不论普鲁塔克的这番议论还有什么别的有力佐证，我们都可以力求用西西里的狄欧多卢斯的一段同样精彩的议论来抵消它。西卡拉在谈到奈纳（Ninus）拥有一支包括步兵一百七十万人、骑兵二十万人的大军之后，又设法用一些以后发生的事实，竭力支持这个数字的可靠性。接着，他进一步发挥说：我们绝不可从今日世界地广人稀之现状出发，得出古代人口稠密的结论〔见卷二〕。如此说来，有一位生活在古代——正是我们今天有人认为是人口稠密的那个古代——的著述家[①]，也在那里抱怨他那个时代人口普遍减少，也在那里发思古之幽情，乞灵于古代传说作为其立论之根据呵！可见颂古非今实乃人之天性，根深蒂固，由来已久，就连具有真知灼见、学问渊博的有识之士也不免受其影响啊！

在普鲁塔克著作中，只有另一段对话，即《论受神惩罚较迟的人》，可以作为反证。这篇文章也是用的对话体，也同样包含着迷信和粗犷的幻象，看来，主要是为了和柏拉图、尤其是他的最后一部著作《共和国》相媲美才这样写的。

写到这里，我不能不指出，有一位名重一时、以公正著称的作者冯坦纳尔，就因为这篇对话中有一些涉及神谕的论述，而对普鲁塔克百般讽嘲，竭尽讥刺奚落之能事，似乎有点违背他一贯的作风。殊不知借书中人物之口说出来的满纸荒唐言并不代表普鲁塔克本人的思想，他的本意是要让书中人物互相驳难；而且一般说来，他的意图似乎正是要对这些观点加以讽刺，而冯坦纳尔不察，竟挖苦普鲁塔克，说他主张探究神谕。

① 他与恺撒和奥古斯都属于同一个时代。

附录:休谟对市民社会的系统认识

〔日〕大野精三郎

一　问题研究现状与本文目的

本文拟考察自1739—1740年发表《人性论》至1752年发表《政治论丛》这段时期休谟对市民社会的系统认识,弄清他的思想的基本特征。本世纪以来,人们对休谟的主要著作《人性论》重新进行了深入的研究,认识到休谟的社会理论、经济理论和政治理论的发展,是他的原定计划"人的科学"(science of man)的实现,认识到在这些理论之间具有内在联系,弄清了这些理论在他的体系中所处的地位。过去,人们总是把休谟在《政治论丛》中表述的经济理论与他的体系分割开来单独研究,而重新深入研究《人性论》后,人们才意识到,可以通过探索休谟的道德哲学与经济理论之间的相互关系,来弄清他对市民社会的系统认识的统一性问题。

对这个课题,我想从苏格兰历史学派的基本理论即历史理论出发进行探讨。历史理论以利己心在社会发展中的作用和利己行为料想不到的结果来说明各种社会制度及其发展。该理论通过迈内克的研究,而在庞大的近代思想体系中确立了其引人注目的地位,更通过胡特和福布斯对个别事例的研究而被确立为苏格兰历史学派研究历史的主要理论。米克甚至认为,对这个学派社会进步法则的理解是导致生活资料获得方式发生变化的重要原因。人们在研究中认为亚当·弗格森、亚当·斯密、约翰·米勒等人是这个理论的代表人物,休谟几乎没有受到注意。唯一的例外是,研究社会、经济思想史的巨擘哈耶克高度评价了道德哲学的组成部分正义理论,视之为自由主义的哲学基础,哈康森沿袭了哈耶克的看法,认为正义理论同斯密的理论相比占有更重要的地位。我想发展这些萌芽思想,通过考证他们尚未弄清楚的这一理论在《政治论丛》中的具体发展,明确休谟对市民社会的系统认识的基本轮廓,弄清休谟的思想中存在矛盾或缺乏一致性的地方,从总体上探索他的思想对政治经济学的形成所起的作用。

二　作为社会理论的正义理论

按照哈耶克的说法,苏格兰道德哲学家的新的社会理论的代表人物之一休谟的"最有意义的贡献",是《人性论》第三卷《论正义与财产权的起源》一章中探讨"确立正义的各种规则的方式"的部分。休谟是从这样的事实出发的,即作为弱小动物的人类只有在社会中生活,才能获得个人所不能具有的能力。休谟简洁地叙述了"分工"的益处,说明了妨害社会结合的障碍是如何被逐渐克服的。其中最主要的障碍首先是每个人最关心的是本人及最接近的亲友的需要;其次是满足这种需要的手段(按照休谟的表述)总是匮乏,即"财富没有足够的数量可以供给每个人的欲望和需要"(《人性论》,第 528 页)。于是,"人类心灵的某些性质和外界对象的情况的结合"(《人性论》,第 534 页)将障碍变为顺利的协作。"心灵的这些性质就是自私和有限的慷慨;至于外物的情况,就是它们的容易转移,而与此结合着的是它们比起人类的需要和欲望来显得稀少。"(《人性论》,第 534—535 页)如果不存在这些事实,任何法则都将是不必要的,人们也不会想到它们。"如果每样东西都同样丰富地供给于人类,或者每个人对于每个人都有像对自己的那种慈爱的感情和关怀,那么人类对正义和非义也就都不会知道了。"(《人性论》第 535—536 页)"在一切人已十分富裕的情况下,还分配财物干什么呢?如果我的某个物品被人夺走,我只要伸出自己的手就能够得到与此等值的东西,那为什么要将这种物品称为我的东西呢?在这种情况下,正义也许毫无意义,或只是空泛的形式。"(《道德原理研究》)这样,"正义只是起源于人的自私和有限的慷慨以及自然为满足人类需要所准备的稀少的供应。"休谟在说明正义法则成立的前提时所依据的出发点是,尽管每个人"都关心公益",但这并不是出于"一般人类之爱",而是出于以"贪欲"为核心的利己心。然而利己心如果露骨地自由发展,就会导致人们之间发生利害冲突,导致社会遭到破坏。"只有这种为自己和最接近的亲友取得财物和所有物的贪欲是难以满足的、永久的、普遍的、直接摧毁社会的。几乎没有任何一个人不被这种贪欲所激动;而且当这种贪欲的活动没有任何约束、并遵循它的原始的和最自然的冲动时,每个人都有害怕它的理由。"(《人性论》,第 532 页)从而,他们为了维持相互之间的社会关系,就不得不限制自己的利益,而谋求调整各自的行为。他们没有

料想到的正义法则是如何从这些行为产生的，这正是休谟的社会理论最难解决的问题，但也是这个理论最核心的部分。

私有者明白，为了使对私人利益的追求不致危及社会的存在，应当通过合理的观察将它限制在人们互不发生冲突的范围内，即通过戒取他人的财物，赋予财物的占有以稳定性，使每个人都能够和平地享受通过幸运和勤勉所能获得的东西。他们知道，这才是维护自己的长期利益的方法。“通过这种方法，每个人就知道什么是自己可以安全地占有的；而且情感的在其偏私的、矛盾的活动方面也就受到了约束。……我们戒取他人的所有物，不但不违背自己的利益或最亲近的朋友的利益，而且还只有借这样一个协议才能最好地照顾到这两方面的利益。”(《人性论》，第 530 页)某人采取某一行动，是因为预计到对方也会采取同样的行动。这一点是从对方具有共同的判断产生的。“协议只是一般的共同利益感觉；这种感觉是社会全体成员互相表示出来的，并且诱导他们以某些规则来调整他们的行为。我观察到，让别人占有他的财物，对我是有利的，假如他也同样地对待我。他感觉到，调整他的行为对他也同样有利。当这种共同的利益感觉互相表示出来、并为双方所了解时，它就产生了一种适当的决心和行为。……两个人在船上划桨时，是依据一种合同或协议而行事的，虽然他们彼此从未互相作出任何许诺。”(《人性论》，第 530 页)这样，人们通过相互观察和相互仿效，促进了自然成长的行为体系的形成，从而确立了社会秩序。这个行为体系，正如休谟所反复强调的，并不是通过消除利己心或添增新的动机、例如对于公共利益的关切而产生的。按照休谟的说法，只是由于利己心的方向发生了变化。“因此，没有一种情感能够控制利己的感情，只有那种感情自身，借着改变它的方向，才能加以控制。不过这种变化是稍加反省就必然要发生的”。(《人性论》，第 532—533 页)这样，利己心方向的变化使人们调整了自己的行为，由此便产生了三项根本的自然法则，也即三项正义规则，就是稳定财物占有，根据协议转移所有物和履行许诺。这个正义的法则体系，即“包含着各个人利益的体系，对公众自然是有利的；虽然原来的发明人并不是为了这个目的。”(《人性论》，第 569 页)我们可以认为，休谟在这里宣告了自己的社会理论是建立在与十八世纪苏格兰历史学派的社会理论相同的理论基础上的。正义法则是作为受到约束的利己心所产生的无数个人行为的结果而产生的。但是，它一旦产生，就成为对社会的存在或个人绝对必需的、普遍的、一般的规则。哈耶克借用休谟的叙述说明，这个正义法则具有与个人的目的无关的独特的性质或目

的，易言之，它虽然是每个人的行为的结果，但不是其预想的结果。“单独的一个正义行为往往违反公益；而且它如果孤立地出现，而不伴有其他行为的话，它本身就可以危害社会。……单独的正义行为，单就其本身来考虑，对私利也并不比对公益更有助益；……不过单独的正义行为虽然可以违反公益或私利，而整个计划或设计确是大有助于维持社会和个人的幸福的，或者甚至于对这两者是绝对必需的。”(《人性论》，第 537—538 页）同时，哈耶克指出，休谟的这一观点在《道德原理研究》(1749 年）中也没有改变，强调了休谟在这一点上的一贯性。休谟在《道德原理研究》中有如下的叙述：“〔正义与贞操的〕社会道德产生的利益不是每一单独行为的结果，而是源自整个社会或大部分人赞同的总体计划或体系。全面的和平与秩序，产生于正义或一切人不触动他人的所有物。然而，对于一个市民的特殊权利的特别尊重，如果仅就这一点来考虑，也许会产生有害的结果。就正义的道德而言，各个行为的结果在很多情况下是同全体行为的结果完全相反的。而且，前者也许是极度有害的，而后者则是极其有益的。”哈耶克根据这些，声称休谟的社会理论具有与十八世纪苏格兰历史学派的社会理论相同的特征，然而，他没有充分认识到休谟混同了正义法则的目的与个人活动的目的。仅仅指出正义的社会目的与个人活动的目的不同，似乎不能充分理解休谟的社会理论。关于正义的社会目的，休谟曾多次作过如下的叙述：“法律和正义的整个制度是有利于社会的；正是着眼于这种利益，人类才通过自愿的协议建立了这个制度。”“这些规则是为了某种目的被人为地发明出来的”。他还说：“使我们确立正义法则的乃是对于自己利益和公共利益的关切。”从这些叙述可以窥知，休谟显然混同了个人活动的目的与社会目的，无妨认为其结论是，后者是由前者活动的结果产生的。

在这里，休谟的社会理论显示出了很大的矛盾或混乱。个人活动的目的不管同正义法则的社会目的有怎样密切的联系，每个人行动时事先并没有意识到社会目的或休谟在其他地方所说的“社会的需要”。从而，仅从休谟的这些叙述，看来不能说明哈耶克所说的由人类的行为产生的社会结果。休谟的矛盾来自如下一点：休谟有时不顾社会形态的不同，想当然地将社会目的看成是超历史的、固定不变的东西。他认为，不变的社会目的是从物质上帮助无依无靠的人，只要充分认识到这一社会目的，就可以建立起正义的法律制度。他的这种错误看法是同他的一些正确主张并存的。休谟不仅在《人性论》中持有这种看法，而且在《政治论文集》中一再重复这一看法。他在《政治论丛》中有如下的论述。如果在近代能够向人灌注“公益的感情”，那么，这种感情“正如古代所显示的那样，就足以充分激励发扬吃苦耐劳精神，使社会得以生存下去。”(本书第12页)然而这是不可能做到的事情。为了做到这一点，休谟说，“有必要用其他的爱好来影响人们，以利禄在于勤勉、技艺即是享受的精神来激励他们。”(本书第12页)由此可见，在休谟看来，社会目的是恒常不变的，社会形态的不同，只是使达到这个目的的方法有所不同，而正义的制度则是达到这个社会目的的合理手段。按照休谟的这种看法来理解正义，则正义与每个人的利己行为并无理论上的联系。从而，为了解决休谟所陷入的矛盾，正如施奈德所述，对休谟的正义法则作如下的解释最易理解，即，这个法则隐含着这样的意思：如果人们给予公共利益深切的关注，则公共利益是能够得到维护的。因此，克服休谟的矛盾的途径，如施奈德所述，看来不外是，或者是补充休谟在这里表述的“对于公共利益的关切”这种新的动机，重新解释休谟，或者是从前提出发探讨正义理论，消除这个矛盾，而求得理论上的统一。后一途径，最近已由哈康森开始探索。哈康森试图首尾一贯地以个人行为的结果来说明正义法则的形成，他认为，休谟作为正义的社会目的所列举的行善行为并不是在个人范围以外拟定的目的，而无非是个人慎重行动的结果自然而然地有利于社会利益的实现。他说：“产生正义的每个人的行动具有一种有意识的目的，即‘囿于利害关系的情感’这种希望更安全地享受私利的目的。他们的行动的结果，产生了以公共利益(或效用)为目的的正义法则。这种公共利益不言而喻是由每个人的私利组成的。然而，就其作为公共利益而言，任何人起先都不会抱有这个目的，确实不过是一种‘自然倾向’。”或者对成为正义法则的目的的公共利益作如下的解释：“正义所促进和保护的利益并不是任何具体的、特定的事物。它纯粹是由在社会内部能够并存的个人利益的总和构成的，这就是所谓公共利益。”这里不能深入研究哈康森所作的解释，但有一点值得注意，这就是它提示了统一理解哈耶克所提出的休谟的社会理论的方向。而且，如果认为社会理论应保持其一贯性，那么休谟所强调的社会目的，及其关于社会目的的总的看法，正如哈康森的解释所表明的，就应当作为明显的矛盾或错误予以抛弃。休谟的如下叙述似乎也证明了应该这样做：“一个人的利己心和其他人的利己心既是自然地相反的，所以这些各自的计较利害的情感就不得不调整得符合于某种行为体系。因此，这个包含着各个人利益的体系，对公众自然也是有利的。”(《人性论》，第569页)站在这个立场上，休谟所强调的整个社会的观点，就要作为明显的矛盾而被否定。休谟对这种社会目的的强调,如后来在《政治论文集》的论述中所表明的,成了妨碍他正确地理解经济问题的重要因素,但指出其思想根源在于他的社会理论,对于了解他对市民社会的理解的二重性及其过渡性质,容或是重要的。哈康森的尝试表明,应当把休谟的正义理论理解为历史理论,即历史性变化的理论。休谟说,“关于财物占有的稳定的规则……是逐渐发生的,并且是通过缓慢的进程,通过一再经验到破坏这个规则而产生的不便,才获得效力”(《人性论》,第 530—531 页)。法律和道德不是人们深思熟虑的产物,而是成长了的制度或自然形成的。

这种正义理论同社会一样古老,正义法也可称为“社会宪法”。按照哈耶克的说法,“休谟实际上是明确意识到人们遵守的规则与作为其结果而形成的秩序之间的关系的少数社会理论家之一”。但要了解正义理论的全部内容,还必须看《政治论文集》对社会理论的具体阐述。人们必须真正弄清楚,按照协议相互约束的个人在追求自己的利益的同时,是如何达到增强社会生产力这一不自觉的目的和结果的。而这正是《政治论文集》探讨的课题。

三 “人的科学”与对商业社会的认识

根据正义法则确保所有物的稳定占有的市民社会的成员,从安逸和怠惰中觉醒了过来。缺乏消费欲望刺激的社会的成员,例如古代各共和国的居民,对奢侈和商业毫无所知。在这种社会,人们不仅没有进行产业活动的对象,而且不懂得欢乐,生活极为贫困,既无社交、也无享乐。而在商业社会,“世界上的每一样东西都要靠劳动来购买,人们的欲望则是劳动的唯一动机。”(本书第 10 页)这样,在商业社会,一切成员都很勤勉。因为人们为了满足自己日益增长的欲望,都致力于生产尽可能多的剩余产品。“各行各业朝气蓬勃,干劲十足,商人更加雄心勃勃,力图进取,制造业者更加兢兢业业,精益求精,连农民扶犁也手脚轻捷格外用心了。”(本书第 35 页)欲望的增长和多样化带来新的产业,并使现有的产业部门得到进一步的改进。“人们从而认识了享受奢华之乐,经商作贾之利;人们一旦开了窍,领悟到随机应变和惨淡经营的秘诀,就坚持不懈地进一步改进对外贸易和国内贸易的每一个部门。”(本书第 13 页)其结果,货币流通扩大了。“在人们开始对这些享受日趋讲究,有所发展,不再总是自给自足、或满足于邻里之间的互通有无之后,更多的交换和各种商业便应运而生,于是就有更多的货币进入这种交换。”(本书第 39 页)休谟将这种勤勉称为习惯和生活态度的改变,视为商业社会的特征。

在这种商业社会，由于每个生产者以分工形式进行生产，他们不能仅以自己的产品来满足自己的一切需要，而必须依赖其他的生产者。“不论我以什么为业，社会的若干成员的财富可以有助于增加我的财富；他们消费我所生产的东西，而以他们所生产的东西给我作为交换。”（本书第75页）每个生产者的生产都各自独立地进行，不是以满足整个社会的欲望为目的的。但是，生产者相互交换产品，并没有产生混乱状态，而是形成了市场——一种具有维持本身的结构和机能的有机统一体。而且，由于生产者依循市场价格法则，生产和消费得以进行。应当注意，休谟所说的经济法则，其所具有的意义，不仅包括各种经济数量之间的关系，而且也包括维持这种关系的人们的社会关系。

各个生产者日益增多地发生交换关系以后，国外市场与国内市场的区别也消失了。休谟很重视国内市场上商品生产者彼此之间的利益。“国内工业的发展为对外贸易奠定了基础。当国内市场堆积着大批精致的商品时，总会有一部分商品可以出口牟利。”（本书第75页）在确立了工商业的英国，对外贸易已只处于从属地位。“诚然，英国人也感觉到了海外贸易有某种不利的一面——农产品价格高昂；这部分地是由于英国工匠的富裕以及货币充足而造成的。不过，既然对外贸易并非专门注重于博取实利，则农产品价格事关数百万人的生计福利，自不应锱铢必较，与民争利。”（本书第15页）从而，“我们可以得出结论说，货币数量之多寡，对于一个国家内部的幸福安乐，是无关紧要的。”（本书第37页）

在国内的这种商品流通中，货币已成为交换的一般尺度，人们已不再把制造货币的材料金银看得很重。“严格地说，货币并不是一个商业方面的问题，而只是人们约定用以便利商品交换的一种工具。它不是贸易机器上的齿轮，而是一种使齿轮的转动更加平滑自如的润滑油。”（本书第31页）休谟如果按照这个观点深入研究下去，就会认识到交换过程是以货币为媒介的产品交换，从而对产品的价值和价格作出规定。但是，休谟还保留着重商主义的一面。为了使工商业蓬勃发展，扩大就业，他期望从美洲不断流入贵金属，并认为货币是经济发展的动力。在这里，货币重新回到推动经济发展的车轮地位，而且被视为具有一定虚构价值的东西。也就是说，如果认为货币本身具有价值，那只是因为一定量的金银能够作为一定的商品价值的等价物进入流通领域。休谟虽然肯定货币具有推动工业发展的作用，却认为金银是在不具有内在价值的情况下进入流通领域的,而由于金银作为流通手段能够影响商品价格和工资,他不得不认为金银本身具有一定的虚构价值。这就不能明确规定货币的职能与本质,结果,在休谟那里,一国的商品总量与一国存有的货币量被机械地放在对称位置,并按照二者的比率规定各种商品的价格与货币的价值。货币增加,各种商品的价格就上涨,货币的价值就降低,这种机械的货币数量说遂被采用。按照这种见解,商品没有价格、货币没有价值地进入流通,只是二者的可除部分相互进行交换。易言之,休谟在说明价格运动时,没有考虑货币和商品各自的内在价值,而是把某一国的货币量和商品总量看作两个仅在表面上相互有关的重力体,并把它们放在对称的位置上,然而,按照这种方法,他不过是将社会的整个生产过程还原为预定给予的要素——货币量与商品总量的力学上的均衡。他在论述货币与商品"相遇"、实际上是"相互影响"时,不过是将表面上的因果关系当作研究的课题。因为一件商品的价格不外是它的价值的货币名称,在商品与货币处于对称位置时,其结果已由一定的货币量事先给定。休谟认为,"世界上的每一样东西都要靠劳动来购买",领悟到交换过程不外是以货币为媒介的产品交换,这已极为接近解决交换价值和价格问题,而未能最后解决这个问题,就是因为他在货币问题上受到了重商主义见解的羁绊。但是,我们不能忽视的是,可以说休谟不能不将其视野局限于流通领域,而通过机械的货币数量说这个经济法则,认定生产者的个人利害会自动地保持均衡,形成相互补充的关系。这一点已成为休谟阐明自由贸易论的基础。

休谟将这种机械的货币数量说和国内单纯商品流通能够带来利益的看法转用于分析同外国的贸易关系,批判重商主义政策,提倡自由贸易论。但是,应当认识到,其基础在于对超出流通过程的整个经济过程的理解,而且其间贯串着休谟的理论的一贯性。机械的货币数量说也被推广运用于对外贸易,货币量增多,物价就上涨,廉价商品就由国外涌进国内,致使货币外流。在国内确立了工业的情况下,商品价格的降低加强了对外竞争能力,输出增加,其结果,各国的货币量与商品量取得平衡——货币量自动调节机构论由以形成。休谟说:"假设英国全部货币的五分之四在一夜之间消失了,就货币量的情况来看,就同倒退到哈里王朝和爱德华王朝时期一样,那么结果又会怎么样呢?一切劳动和商品的价格不见得不会相应下降吧?各种物品的售价未必不会像在那两个王朝时期一样便宜吧?那时候还有哪个国家能在国外市场上同我们争夺呢?或者胆敢以同样的价格(这种价格会给我们提供足够的利润)来从事海运和销售工业品呢? 在这种情况下,弥补我们已失去的那些货币量并赶上所有毗邻国家的水平,准是用不了多久吧? 一旦我们达到了这些目标,我们马上就丧失廉价劳动和商品的有利条件,我们的殷实富足使货币的进一步流入停顿下来。"(本书第 58 页)这样,尽管货币总量由于对外贸易会发生变化,但它总是像水那样保持一定的水准,"必然会在所有毗邻国家里,使货币与每个国家的技艺与工业始终大体相称。"(本书第 59 页)休谟指出,金银的这种国际流动可以起自动调节作用,各国以此为媒介开展的自由竞争可以调和各国之间的经济利益。"只要国与国之间的公开往来得以保持,每个国家的本国工业就一定能从别国的改进中获得发展。"(本书第 74 页)通过与外国自由竞争,国内的商品也将逐步尽可能完美地生产出来。"各国之间你追我赶的竞争,反倒会使各自的工业蓬勃发展。"(本书第 76 页)由于各国不仅进行商品交换,而且相互交换技术成果,因而直接促进了各国产业的发展。国内的制造业同外国争先改进,将使一切商品提高到最完善的程度。各国最初都是为了消费而输入外国商品,其后便逐渐为了在本国进行生产而引进技术,由此国内生产便不断扩大和完善。"最初,商品是从国外输入的,……后来,技艺本身逐渐输入,这显然对我们有利。"(本书第 75 页)休谟就最近两个世纪英国经济的发展如何获益于对外贸易及随之产生的刺激作了如下的概述:"试将英国今天的情况同二百年前作一比较,就可明了。二百年前,英国的农业和制造业的技艺都极其粗糙和不完善。从那时以来我们所作出的每一项改进,都是仿效国外的结果;对于外国在发展工艺技巧方面的早期成就,直到今天我们也是应当感到庆幸的。"(本书第 74 页)

休谟认为,只要金银可以在各国间流动,各国之间的自由贸易就可以自行调节。从这一观点出发,休谟批判了当时依据贸易差额论制定的经济政策。"一般地说,任何一个国家的商业发展和财富增长,非但无损于,而且有助于所有邻国的商业发展和财富增长"(本书第 74 页)按照这个观点,重商主义的信条,即必须确保贸易顺差,不仅毫无意义,而且也不可能实行。根据重商主义的信条,必须禁止货币输出,禁止能满足国内和外国需求的谷物输出(因为一些人怀有这样的"嫉妒心理",认为"任何国家不牺牲毗邻各国就不能繁荣"),这不能不说是错误的。休谟认为,购入其他各国依赖优越的自然条件生产的商品,反倒会使这些国家繁荣起来,同时,这种繁荣也会使这些国家有可能购买英国的产品。他还认为,国际贸易的扩大将导致与之有关的一切国家发展制造工业和贸易,并使一切国家有可能相互成为很好的顾客。进一步说,国际贸易的扩大可以使人们利用和享受地球上的一切恩惠。禁止国际贸易,是违反自然的。

在1758年的《政治论文集》所增补的题为《论贸易的猜忌》的短篇论文中,休谟在更加猛烈地批判贸易差额论的同时,更为明确地论述了自由贸易论。“造化赋予不同的国家以不同的才能、气候和土壤,从而为各国的交流通商提供了稳固的基础,只要各国始终保持勤劳和文明。而且,一个国家的技艺愈发展,它对勤劳邻国的需求就愈大。人们在变得富足和熟练之后,总向往获得一切尽善尽美的商品;由于拥有大量的商品可用于交换,他们就大量进口一切外国商品。这样固然刺激了出口国家的工业,可是进口国家本身的工业,也由于售出货物作为交换而得到发展。”(本书第75页)因而,自由贸易所导致的“任何一个国家的商业发展和财富增长,非但无损于,而且有助于所有邻国的商业发展和财富增长”。因此,休谟就自己关于自由贸易的主张作出了如下的结论:“因此,我直言不讳地承认:不但作为人类的一员,我要为德国、西班牙、意大利甚至法国的商业繁荣而祈祷,而且作为一个英国国民,我也要为它们祈祷。至少,我深信:如果英国和所有这些国家的君主和大臣们采取这种高瞻远瞩的仁慈观点和睦相处,英国和所有这些国家就会更加繁荣昌盛。”(本书第77页)尽管休谟在自由贸易方面作了这些论述,但是他并未站在无限制的、完全的自由贸易立场上。诚然,他指责了关税壁垒与妨害对外贸易发展的障碍。然而,他不主张取消国际贸易中课征关税所造成的一切限制。他只是反对根源于贸易猜忌的关税,易言之,只是反对不考虑保护国内生产、而仅以单纯限制输入以获得贸易顺差为目的的关税。他说:“不能把对外国商品征收的各种关税一律看作是偏见或无用之举。”(本书第71页)他认为旨在振兴、扶植国内产业的保护措施和关税都是正当的,在关税问题上他考虑到了政府的财政需要与方便。对德国的亚麻织物课征进口税是前一方面的例子,对法国的白兰地课征关税是后一方面的例子。“比方说,对德国亚麻织物征收关税,就能鼓励本国制造商,使从业人员和工业成倍地增加。对白兰地征收关税,就能增加朗姆酒的销路,对我国的南部殖民地是一种支持。”(本书第71页)这些论述错误地强调了前节所表述的社会观点。在对白兰地课征关税的例子中,夸大了其在社会目的上的作用,有维护现存社会的意味。如果把这些论述看作是保护贸易论,认为这是休谟经济理论的特征,那就大错而特错了。它们只是显示了休谟的社会理论中的矛盾,如前面已明确指出的,是应予排除的东西。《政治论丛》中的这些论述似可看作这种矛盾

的反应或痕迹。

尽管如此，从总体上把握经济问题，明确说明经济法则通过金银的自动调节机构支配着从生产到消费的整个经济过程，从而在私有者之间形成相互补充的均衡，仍是休谟的最大功绩。他曾把自己的理论成果比作实验自然科学的传导水路系统，这表明他研究经济学的方法取自机械学，同时，他认为他自己在经济学上所作的概括——将经济社会理解为自我限制的关系，与自然科学的真理具有相同的真实性，因而可以说休谟本人充分阐明了这种理论概括的意义。

金银的自动调节机构的意义不止于此。休谟认识到，在这种均衡的背后，或支持这种均衡的，是人们的社会关系，人们的欲望和利害关系通过这种均衡而得到调节。“为了说明这种作用的必然性，我们不必求助于物质的诱惑力，只要举出人们的兴趣和爱好所产生的那种精神上的吸引力，就足以充分说明问题，这种吸引力既强烈又确凿。”（本书第 60 页）据此，可否认为，休谟大抵是想说明，各种经济数量之间的关系之所以能遵循一定的法则，是因为人们的欲望相互受到牵制，经济的运转之所以能遵循一定的法则，是因为人们的利害关系得到了调节。在货币流通的背后，欲望的增长刺激了生产和交换，因而使货币流入国内。流通的货币量与商品量之间的不稳定的均衡，是从事交换的双方推动的利害关系发展的结果。这意味着，通过货币表现的利害关系处于机械的相互作用之中。据此，休谟进一步指出，经济现象遵循一定的法则与人们利害关系的相互调节密切相关。因为，如果经济现象遵循一定的法则系以人们的利害关系为基础，则很明显，那些利害关系本身也遵循着一定的法则。就是说，在休谟对经济法则的理解中，包含着法则背后的人们社会关系的协调。休谟说，在商业社会中，维持社会的根本原则是利己心，然而，“总的一致仍得以保持，由于人们的自然爱好得到较好的照顾，非但社会、就连个人也都认为，恪遵这些准则是有好处的。”（本书第 12 页）休谟下结论说，在经济现象遵循一定法则的背后，存在着旨在满足自己的欲望和利己心的、相互牵制的人的关系，这种相互关系能够形成，是因为它比较符合于人们的自然倾向。这样，作为《人性论》的出发点的人，即在原始状态下具有直接破坏社会的利己心的人，在《政治论丛》所探讨的商业社会的相互依存关系中，转化成了最符合自身本性的市民。以扶植与维护商业社会为目的的休谟对课题的研究，在由《人性论》至《政治论丛》的深入发展中，体现了十八世纪苏格兰历史学派的历史理论，并完成了它的使命。本文的目的本来是通过

研究《人性论》和《政治论文集》之间的关系,弄清休谟思想的轮廓,弄清休谟对古典政治经济学的建立所起的作用,但在这样做的同时,也就说明了休谟研究工作的性质。

(胡企林译自日本《经济研究》1982 年 4 月号,朱泱校)

图书在版编目(CIP)数据

休谟经济论文选/(英)大卫·休谟著;陈玮译.—北京:商务印书馆,2017

(汉译世界学术名著丛书:120年纪念版:珍藏本)

ISBN 978-7-100-14058-4

Ⅰ.①休… Ⅱ.①大… ②陈… Ⅲ.①经济学—英国—近代—文集 Ⅳ.①F095.61-53

中国版本图书馆CIP数据核字(2017)第132135号

权利保留,侵权必究。

汉译世界学术名著丛书

(120年纪念版·珍藏本)

休谟经济论文选

〔英〕大卫·休谟 著

陈 玮 译

商 务 印 书 馆 出 版

(北京王府井大街36号 邮政编码100710)

商 务 印 书 馆 发 行

南京爱德印刷有限公司印刷

ISBN 978-7-100-14058-4

2017年12月第1版 开本710×1000 1/16

2017年12月第1次印刷 印张12¾

定价:70.00元